冒险雷探长2

遗失秘境

雷探长 著

中国地图出版社

图书在版编目（CIP）数据

冒险雷探长. 2：遗失秘境= Lei'Adventures Ⅱ：The Lost Mystery Place / 雷探长著. —北京：中国地图出版社，2020. 1

ISBN 978-7-5204-1412-8

Ⅰ. ①冒…　Ⅱ. ①雷…　Ⅲ. ①电视纪录片－解说词－中国－当代　Ⅳ. ①I235. 2

中国版本图书馆 CIP 数据核字（2019）第 280632 号

策划编辑　王　毅
责任编辑　王　毅
出版审订　陈卓宁

冒险雷探长. 2：遗失秘境

Lei'Adventures Ⅱ：The Lost Mystery Place

出版发行	中国地图出版社		
社　　址	北京市西城区白纸坊西街 3 号	经　　销	新华书店
邮政编码	100054	印　　张	18
网　　址	www. sinomaps. com	版　　次	2020 年 1 月第 1 版
印刷装订	河北环京美印刷有限公司	印　　次	2025 年 6 月第 2 次印刷
成品规格	170mm×240mm	定　　价	49. 00 元

书　　号　ISBN 978-7-5204-1412-8

如有印装质量问题，请与我社发行部联系；如有图书内容问题，请与本书责任编辑联系，联系方式：dzfs@ sinomaps. com。

contents

目 录

preface
序

从古至今，人类从未放弃探索未知的原动力。近 100 年来，诞生过很多像爱因斯坦这样奠定人类探索基础的科学家。而遗憾的是，近几十年很少有颠覆人类认知的科学发现，目前的大多数发明只是前人成果的延续。历史再向前推 2800 多年，在古希腊时代，人类对于宇宙的探索是那么的热情，充满了天马行空的想象，这些探索的成果也化为人类最早的科幻小说。在古希腊的神话故事中，众神守护着各自的领域，包括天空、海洋、树木、锻造甚至情感等，女神裸露着乳房，男神具有健硕的身材，他们个个充满七情六欲，聪明绝顶，却又钩心斗角，欧洲的历史从此热热闹闹地开篇。有人把这些神话归为欧洲历史的一部分，因为他们认为这些人物和故事也并不是完全虚拟的，而是人类基于自身和宇宙的探索，在众神身上找到的最完美的寄托。

公元前 350 年，柏拉图在《对话录》中描绘了一片神奇的大陆——亚特兰蒂斯。据说这里的居民掌握着发电、飞行、远程传送等远古高科技，甚至智商都高于现在的人类。其实在很长一段时间里，人们只相信这是个神秘的古希腊神话，直到 1870 年，德国考古学家海因里希·施里曼发现了特洛伊古城和迈锡尼，从此希腊众神真的复活，神话变成历史。对于亚特兰蒂斯，人们再也不相信它只是神话，更相信亚特兰蒂斯一定存在着远古高度的文明，而且它一定就沉没于大西洋。

如果我们永不放弃探索世界的脚步，可能我们就能找出更多证据来证明那些约定俗成的认知。到那时埃及金字塔就不再是金字塔，而是城市的发电场；纳斯卡线条是外星人的岩画，和纳斯卡原住民无关；后羿射下来的可能是九个 UFO（不明飞行物）；或者人类才是真正的外星人等。一切皆有可能。人类的探索源自对书本的怀疑和对自己的否定，那么我又是凭借何物探索世界的呢？答案是“勇气”。“勇气”就是向自我挑战的能力，几千年来它是改变人类命运的钥匙；“勇气”本身可以造福于人，是为人类改变前途而存在的一种力量。人们总是愿意追随勇气，因为它既可以把宝剑伸向邪恶，与命运抗衡，也可以用它照亮生活中每一个畏惧的角落，幻化成希望。

从 2013 年开始，我踏上了环球探险之旅，制作《冒险雷探长》这档纪录片。小时候我认为长大后不可能出国，更不可能去冒险，但是一切都随着年龄的增长和人生的醒悟而改变了。很多年轻人都处于人生的迷茫期，不知道要干些什么。其实人的一生就是一场探索，我们出生后，谁都不知道自己是什么——科学家？护士？罪犯？外星人？这些都需要我们慢慢地去寻找答案。只有和大自然接触，和别人发生碰撞，甚至有一个高于当下的思想来引导自己，才能真正超越自己，找到自己。

人生其实说长不长，说短也不短。假设人的有效寿命为 60 岁，去掉前 20 年的长身体和后 20 年的吹牛，那么真正属于寻找自己是谁的时间也只有中间的 20 年了。世界的历史也如此相似，中国上下五千年，其实有文字记录的部分也就 3500 年左右，这是有效的时间。而两河流域的古文明甚至可以追溯到 6000 年前，那个时候人类文明开始诞生，但是唯独这一段历史格外神奇，人类并不像达尔文所说的那样缓慢进化，而是突然间在两河流域出现，创造了伟大精致的文明。这些文明至今还有很多未解开的秘密，成为千古谜团。要想证明你来过这世上，一定是在有效的时间里创造了什么。苏美尔人就因为创造了苏美尔文明和楔形文字，他们的存在才不是传说。谁又希望在这世上只是个透明的过客呢？

我非常佩服那些有勇气的人。我一直也觉得勇气既是一种自信，也是一种自我战胜。我一次次地走进那些古代遗址，或者战乱国家，就是要探寻那些一般人不可触及的事物，为人类揭开历史的真相，或者带来一个地方真实的人文场景。很多人认为我胆大，这是因为我知道生命的意义是什么。我小时候其实胆子并没有那么大，但是不乏正义感。

记得一次小学放学回家途中，遇到自己班的同学被高年级的男生欺负，他竟然在抢我同学的裤带。我二话没说就把棍子抽到了那人腿上，看他摔倒时我和同学趁机一起跑掉。虽然这个“坏孩子”比我们高大，但是在我的争取下，这位同学还是获得了尊严。后来我和该同学成了朋友。成年后我回忆往事时告诉他，你这么能和坏人周旋，以后一定能当演员。没想到他成年后真的上了电影学院，成了国内有名的演员。

我一直相信两种东西：一种是勇气，一种是正义。它们可以照亮别人，找到自己。我非常喜欢一句戏剧台词：“人要信，只要信，就有希望。”这句话里的信不是要迷信，而是要有信心，有信念。如果人什么都不信其实也无法认识自己，就好比我们买东西时总要问问身边的人好不好看。要记住，只要自己喜欢的东西，就不要问别人好不好看。

这一回，我要撰写我的第二本书，我不想找人代笔，这么多年的亲力亲为，让我更喜欢独自去创造有价值的东西。但是我发现一个人写出一本书真的非常累，非常痛苦，甚至会让人焦虑暴躁，以致抑郁。写书要调动自己的全部精力，激活全部的脑细胞来回忆人生。慢慢地，我的人生轨迹也随着我的文字浮现出来。

我出生在一个普通家庭，父母的青年时代还不像现在的信息这样丰富，所以思想相对简单。他们那一代人完全靠自己的经验来教育人，甚至没有被别人引导过。其实人是需要有导师的，中学时我遇到一位好老师，她鼓励我面对现实，去追求艺术类专业。我家里经济水平太低，父母的理念也是不用花那么多钱来培养下一代，于是这位老师号召全班每人捐款 5 元，鼓励我报名参加歌手大赛，鼓励我考艺术院校，当然我也非常珍惜每一次机会。后来，我养成了自立的习惯，开创了《冒险雷探长》节目，并独立拍摄剪辑了 100 集，至今已写了两本书（包括这本），每本 15 万字。我具有独立赚钱的能力、独立的见解能力和独立的判断能力。并且我是一个人在黑暗与光明中前行、摸索、成长，也经历过背叛、信任、相杀、言和，完成了一道道人生的选择题，设计着自己的诗和远方。

《冒险雷探长：秘境诅咒》发行这一年来，我也在不断地学习和整理历史上那些传奇的地区和故事，所以，这次历经千辛万苦来到了一个并不是旅游国家的伊拉克。在伊拉克，我静下心来写这一篇序，可窗外不断有警车的呼啸声、军用飞机的轰鸣声以及半夜的尖叫声。之所以我打算从这里开始写，一是我有卧薪尝胆的劲头，包括我的卧室从来没安装空调，我认为舒服使我迟钝；二是为我的新书找到一个不一样的起点。

很多读者都问我，如何能像我一样踏上冒险之旅？冒险和旅游可不一样，前者的眼界更深更广。实际上能踏上环球冒险之旅起决定因素的是，首先你得是一个理想主义战士。为什么是战士？就是为了梦想可以在路上随时牺牲。这个答案告诉别人后，往往会被否定和质疑，但是在这个过程中，你又是很相信自己的。如果既没有勇气也没有理想，就很难完成冒险之旅了，那就降低一下成本去旅游吧。如果你真是一个理想主义战士，那么你比一般人更容易实现一些不切实际的梦想，也就更容易成功。很多人在实现梦想的过程中卡在了成本上，不愿牺牲，真的牺牲了又不甘心，所以提前回头了。

来到伊拉克，这是四大文明古国之一古巴比伦的所在地。能够来到这里的人真的寥寥无几，能来的一般都有远大的抱负。这一路我遇到了很多的危险与挫折，由于在伊拉克没有熟人帮助，所以大部分困难都要自己解决。不过没关系，吃亏就是财富，这也是我这本书的故事来源。我很愿意把我的冒险故事加上对人生的理解分享给大家，希望大家在这本新书里找到自己的影子和人生的答案。由于本人能力有限，如果书中有任何疏漏和错误，请各位专家和业界人士批评指正，文中的观点、态度也是个人拙见，请多多包涵。

2017 年 10 月

雷探长于伊拉克首都巴格达

Iraq

伊拉克

Lei'Adventures

the Lost Mystery Place

乘阿拉丁飞毯潜入巴格达

在 6000 年的历史长河中，人类创造了大量神话，也建造过无数城市。说起四大文明古国，人们想到的就是古埃及、古印度、古巴比伦和中国。除了古巴比伦，另外三大文明古国虽历尽沧桑，但是今天的人们依然可以通过旅游和探险触摸到它们现在的模样，感受到它们曾经的辉煌。但古巴比伦所在的两河流域文明，却很少有人有机会去感受它。自 1991 年起，连年的战乱，让这里的人们点燃了希望又灭了希望。时至今日，阴谋、厮杀依旧上演着，让人望而却步。今天，雷探长冲破了艰难险阻，踏上了前往伊拉克的冒险旅程，准备揭开埋藏在数千年黄沙中的两河流域的秘密。

想进入伊拉克，对于很多向往中东之行的人来说简直就是天方夜谭，因为人们大多不知道如何获得准入证。在我的认知里，伊拉克就是一个一直在打仗的国家，北部的 ISIS 势力也非常猖狂，首都巴格达更不知道是怎样的情况。为了能够走进巴格达，我多次请求使领馆的帮助，得到的答复都是“NO”。因为伊拉克不是一个旅游国家，想去那里旅游确实存在危险。据说当地的华人工程师都签了“生死契约”，也就是说在伊拉克工作必须在规定的厂房上班，乘坐规定的汽车，汽车上都专门配备安保人员。那些工程师虽然来了伊拉克，可从来都没有离开过岗位。这绝不是我想要的。经过漫长的交涉和半年的努力，终于等来了一张纸。我当时就想怎么是一张纸，签证去哪儿了？原来去伊拉克不是仅靠签证，而是需要一张邀请函，只有收到邀请才能进入伊拉克。

我的飞机是从土耳其伊斯坦布尔大半夜起飞的。算一下时间，到达巴格达刚好在清晨，这样一天都不会耽误。在上飞机前，我拿着飞机票非常紧张。看着那些坐在候机大厅的人，要么包着头巾完全看不清脸，要么就是一些穿黑衣服的中老年人。完全看不到时尚青年，我能不紧张吗？登机前，乘务人员仔细检查了我的机票，最关键的是非常严格地问我是否有邀请函。我心想，敢来伊拉克哪敢不办齐证件啊，但是这也是全世界很少在登机时既检票又看邀请函的国家。

雷探长换上伊拉克男子日常服饰

飞机接近伊拉克巴格达国际机场的上空时，我的心忐忑地跳跃着。这座建成于 1979 年的机场原名萨达姆国际机场，是以伊拉克前总统萨达姆·侯赛因的名字命名的。后来改名巴格达国际机场，堪称全球最危险的场所之一。机场高高的围墙外边的草丛内，很可能就隐藏着使用便携式对空导弹的武装人员。从外观看，这座机场非常老旧，周边是黄土和沙丘。

这里戒备森严，为了安全，安保人员会非常负责地检查每一个人。被允许通关是需要耐心的，边检人员反复检查我的身份证件。其实来到机场对于我最严酷的考验就是这里不让拍照。也许有人要问这个机场到底是什么样的，这么说吧，巴格达国际机场和我国二线城市的机场特别像，也就是说该有的都有，但是特别小，边检盖章人员和旅客零距离，没有那么多现代液晶电视，也没有玻璃隔着。安检人员把我带到一间屋子，穿着制服的人要求我提供邀请函。他们核对后发现确实有我的名字，此刻我心里的石头也落了地。

发放通关文牒时，我和其他外国人一样在原地等着被叫名字。我很害怕因为没有我的名字而只能打道回府，或者滞留巴格达国际机场。煎熬在一点一滴地侵蚀着我的意志，终于等到了叫我的名字，我顺利过关。为了安全，安保人员不会让你过多驻足观望。很多人也是拿上行李后就匆匆离开了机场，因为这里随时存在被袭击的可能。就在我取行李时，一个阿拉伯大叔无助地在传送带周围徘徊。他告诉我他的行李找不到了，难道是丢了吗？庆幸的是虽然我最后一个取到行李，但毕竟取到了。

离开机场花 50000 第纳尔相当于人民币 260 元就可以打车到市区，但是我觉得很贵，因为不打表任司机摆布很不好受。机场的高墙耸立在路边，这里既是机场的外围，也是警戒线，有重兵把守，你不能多看一眼，也不能过多举起相机拍摄，不然换来的就是士兵用枪对着你。一路上每一个路段都会有一道检查，每次既要检查护照，还要查包，似乎谁都不值得相信。每次搜查都让人提心吊胆，要真正出机场至少需要通过 7 道关卡。但是没想到的是，这种烦琐的检查伴随了我在伊拉克的全部行程。

当汽车驶过底格里斯河时，我的心里才多了一丝平静。这片宁静的水域被高墙、铁丝网和栅栏阻隔，只有它自己知道这些年到底经历了什么。这条河流告诉我，我终于到了伊拉克。

穿越那些被摧毁的围墙和满是铁丝网的公路，我一步步接近了伊拉克的首都巴格达。在公元前18世纪《汉谟拉比法典》里就提到了巴格达，巴格达可是伊斯兰世界的历史文化名城，意为“神的赠赐”。几十年前的巴格达，人们生活富裕，而那个时候迪拜还是一片沙漠。

为什么我要用“乘阿拉丁飞毯潜入巴格达”这个标题？因为我从小就看过改编于古代阿拉伯民间故事集《一千零一夜》的迪士尼动画片《阿拉丁》。阿拉丁带着茉莉公主，乘坐飞毯环游整个巴格达上空，成为全世界最浪漫的童话故事。我的梦想就是乘阿拉丁飞毯飞进巴格达，我居然现在就这样来了。

2003年3月20日凌晨2点30分，两架美军F-117隐形战斗机起飞升空；凌晨5点35分，战斗机在巴格达上空投下了两枚重达一吨的MK-84炸弹，第二次海湾战争打响。巴格达的市民从此与富裕的生活渐行渐远。

入住巴格达酒店很有意思，能在这里住酒店的一定是有钱人。伊拉克并没有发达国家的便宜客栈，市中心是清一色的高档酒店。这些酒店大多是在20世纪50年代伊拉克繁荣时期修建的，其中努瓦（Nuwas）区聚集了多家著名的五星级酒店。巴勒斯坦国际酒店、巴比伦酒店、巴格达酒店等是第二次海湾战争期间战地记者的大本营。这些酒店置有高墙、沙袋、岗楼，警卫层层把关，预防随时可能发生的冲突和袭击。

我住的这家酒店非常破，楼外都是炸碎的玻璃，从墙面上看完全是20世纪中叶的建筑风格，甚至可以说，这是一座危楼。两边的楼房都因为被炸而废弃，只有这家酒店还留着。我为什么要住这座楼？因为便宜啊，巴格达最豪华的酒店虽然安保设施好，但最便宜的也都在2000~3000元人民币一天，贵的则在6000~7000元人民币一天。我住的1000多元的酒店虽然没有沙袋和持枪的安保人员，但便宜足以让我以此为家。酒店前台服务人员虽极具绅士和淑女形象，但是也格外在乎我给他们的现金。他们接过钱时总要一张张地辨认真假，可见当地也存在假钱的困扰。有一天在我给前台人员钱的时候，他居然说我的钱有问题，他的神色非常紧张。他举起钱时我一看是一张烧焦的纸币，当我给他解释时，他才发现是他搞错了。看到他一头的汗，再看看那张烧残的纸币我也一身汗，真不知道这张纸币经历了什么，又是怎样来到这家酒店的。

巴格达路口到处是军警人员，还有沙袋、岗楼，巴格达的街区也由此分隔开。像我这样的外国人，也因为特殊身份会被禁止前往一些特殊街区。之所以被禁止主要是因为我步行，要是坐在汽车里可能在城市里会好一些，不会被查。由于常年战乱，巴格达市民很少与外国人打交道，但是最让他们稀罕的要数东亚面孔。东亚人十几年来很少前往伊拉克，偶遇东亚面孔很难。

在巴格达的一个修车铺，工人正在给一辆车喷水，他们很热情。院子里坐着的几个不戴头巾的女人吸引了我，我小心翼翼地走近她们。这些女人看起来和大街上的保守女子完全不同，说话声音和动作幅度非常大，一点也没有普通伊拉克妇女的样子。这也是我第一次接触到伊拉克的女性，我感觉她们完全不排斥外人。不了解的人可能不知道我的苦衷，以前去阿富汗或者巴基斯坦，那里的女人大多把脸蒙在盖头里，拍照片就算拍了一位哈扎拉现代女子都不行。不但被拍照的女子不愿意，旁边的男人们也插手，吵吵嚷嚷着非要我交出内存卡，并且要送我去见安保人员。这次在巴格达街头见到的女人则完全没有这些忌讳，她们敢于主动和我这样的外来男性打招呼。

一个女子神神道道，感觉像是有精神问题，另外一个女子在安慰她，似乎也在辅助她做事。这两个女子的打扮非常相似，发型也相似。说到发型，这也是我在阿拉伯国家第一次看到有时尚发型的女性。她们告诉我，她们是基督徒。我远远看去，街区旁边还有一座教堂。这座教堂下面全是被炸过的痕迹，比如破轮胎和铁丝网。神神道道的女子一个劲儿地处在癫狂状态，原来她在轰炸当中受过惊吓。战乱让车行老板的妻子精神失常，附近还有更多的残疾居民。

基督教已经在这片土地上传播了2000年左右。2016年1月，坐落于该国北部城市摩苏尔一座山丘上的有着1400年历史的圣伊利亚修道院被极端分子摧毁。在这一区域的小教堂，也成了袭击目标。我尝试接近这个小教堂，可士兵马上凑上来。为了不惹麻烦，我只能选择远离。

其实巴格达曾经是雕塑之都，这个国家非常喜欢塑造各种反映人民生活、政治斗争甚至抽象思维的雕像。市区有根据《一千零一夜》中阿拉丁神灯而塑造的喷泉，还有根据当地给水传说塑造的给水女子雕像，也有解放广场上通过抽象手法反映人们意识形态的雕像。在当年更是有很多萨达姆的雕像，不过现在萨达姆雕像都被一一拆除了。尽管巴格达有很多的雕像被拆除，但双刀纪念碑依然还保存着。

阿拉丁神灯雕塑

第二次海湾战争爆发后，以美英军队为主的联合部队在巴格达底格里斯河西岸建立了一个戒备森严的安全区域，取了一个好听的名字“绿区”。这里是外国领事馆的聚集地，因此戒备森严，持有特殊的通行证才能通行。在绿区里耸立着一座著名的纪念碑，这就是纪念两伊战争的双刀纪念碑。当我赶往双刀纪念碑时，在墙外很远处就看到了这个雕塑。但我来的时间也不是很巧，我持有特殊通行证，本可以进入绿区，但是在 12 小时前，绿区遭到一枚迫击炮的袭击，所以我不能直接进入。门口的卫兵拿着枪向我走来，和我解释了很多很多，但我还是觉得我应该进去。就在这时从绿区里开出一辆车，车上坐着一位官员，他询问我的情况，并且告诉我，绿区现在十分危险，要远离美国大使馆，因为很多袭击都是针对美国大使馆的。虽然在绿区内有很多大使馆，但是中国大使馆却不在其中。

其实还有一个题外故事和萨达姆被抓获有关。当年双剑凯旋门建好后，萨达姆把自己的指纹印在了上面。若干年后，美国抓获萨达姆的时候由于无法辨认是真的萨达姆还是替身，结果就把当年他印在雕像上的指纹取下来做对比，最终确

守卫“绿区”的伊拉克士兵

酒店外彻夜值班的军人

认萨达姆的真身。这只能说是萨达姆百密一疏。

从外面看这个绿区简直是一座堡垒，围墙筑有 5 米高，还摆出了一个个迷宫的样子，无论车辆还是行人都不能一下子闯进去。不仅这里如此，整个大街上都一样。走在巴格达街头，到处是装甲车和岗楼，总是遭遇盘问，让人反感和紧张，我就遇到了这样的麻烦。

这一天我走在巴格达市中心的街区，总感觉似乎有很多双眼睛在盯着我。不难看出这些街区曾经是非常繁华的，因为每一家门店都是用非常传统的铁艺做成的门框。工艺精湛的木雕大门，透着一种《一千零一夜》的氛围。我相信巴格达最繁华的时候，人们在这里交换物资，购买商品，女人们顶着食物，戴着面纱从这条街道走过，那该是一幅多么生动鲜活的画面啊。可是现在这里到处残垣断壁，瓦砾成堆，一只刚出生的小奶猫在这堆瓦砾中凄凉地叫着。我很想给它关爱，可是它所在的地方全是垃圾，难以接近。

走在毫无安全感的街道上，我听到有人在叫我，定睛一看，原来是一名军人。这名军人站在高高的装甲车上，手上拿着机关枪，似乎随时要向过路人扫射。他叫我过去，盘问我，我本来不想答应，打马虎眼走了算了。但是我又一想，听说周边布满了狙击手，如果狙击手碰到不配合的我给我一枪怎么办，我只好乖乖地和他们沟通。盘查完本来要走了，没想到这名军人强行把我带到了一间小黑屋里。这间小黑屋就是一个铁皮房子，就如同盖楼房时民工的临时住处。一名军人睡在地上，盖着散发乡土气息的毛毯，屋里要多脏有多脏，可见他们也没时间收拾。这景象是不是能看出这个国家对军人的管理到底怎样呢？

进来后我本以为可能会再次盘查，没想到他们请求我给他们拍照，因为他们看到我拿着专业相机，觉得我一定能拍出比较专业的照片。我一听这好啊，压抑紧张的心一下子就平静了下来，他们左拥右抱的摆姿势，我拍了很多照片，他们看到我拍的照片也非常高兴。不过需要把照片导出来，但他们的手机都很落后。在得知拿不到自己的相片后，他们默默地让我离开这里。我和他们挥手告别时内心也涌上了一丝伤感。

这本来是件好事，可是当我一出小黑屋却又被一个长官给发现了，我被他叫到他的警车旁边，他坐在里面要查看我的护照，然后又盘问了我的来意。他最关心的是我拍了什么，于是我把相片调给他看。我给他看了很多的建筑物，当然我不会给他看军人的照片，因为全世界没有几个军人会主动要求拍照的，我相信这位长官也不喜欢。这位长官就在人来人往的十字路口刁难我，让我说出来伊拉克的目的，我说是为了旅游，来看看这个文明古国。但是他始终不相信会有游客愿意来这个战乱国家旅游。

面对这位长官无休止的盘问，我看到远处就是底格里斯河，看到当地人大热天在太阳底下匆匆忙忙地赶路。看着这里到处是宝藏，却有这样的军人不理解我，于是我又主动地再次展示我拍的一些风光照片以及我的邀请函，最终在我强烈的辩解下我获得了“解放”。

巴格达集市上卖的东西可真杂，有卖手工酸奶和酒的，也有卖手机充电线和家电的，还有卖邮票和世界各地钱币的，让我没想到的是这里居然还有卖枪的。这些枪当然不是最厉害的那种，老板说可以让我端起枪看看，当我真的拿起枪，准备瞄准的时候，老板还是紧张地站了起来，他让我低调一些。我一向也确信，虽然这个地方不禁枪，但是也不是谁都愿意看到一个陌生人拿着枪乱瞄准的。其实市场上给我留下深刻印象的是萨达姆时期的钱币，这些钱币正面图案是萨达姆，背面是各种地标建筑。此外这里还销售手工肥皂，这些肥皂堆成了山，可是一打听原来是来自叙利亚的阿勒颇。这种橄榄皂让我印象深刻，因为它的制造方式非常的传统和原始，基本上就是模子压制出来的，并未添加很多的东西，和我小时候用的肥皂很像。这是来自战地的物品，我似乎闻到了肥皂上血液和火药的味道。

这个市场让人感触最深的是当地人依然在推着小车卖东西。这种小车是一种类似于工地拉砖用的车，车和地面平行。车上面堆满了各种衣服，这些衣服一眼就能判断是二手货，花里胡哨的。老板们围了过来，问我需要什么，我实在不需要这些旧衣服啊，但是旁边一位小伙儿真的在挑选这些衣服。这位小伙儿相貌英俊，满脸络腮胡子还有浓密的头发。我问他的名字，他说叫“侯赛因”，侯赛因是伊斯兰教什叶派第三代伊玛目的名字，所以起这个名字的人实际上都是希望有一个不俗的未来。小伙儿虽然相貌出众，却没有像样的衣服穿。巴格达大街上虽然有很多店铺，却没有时髦的服装店，这些推车上的衣服是他们唯一的希望。看着侯赛因把一件夹克衫披在身上，左右扭动试穿这些衣服，能感觉到他们有一颗非常追求时尚的心，就是没有地方发挥，没有地方去

雷探长用反弹琵琶的方式弹奏中东乐器之王乌德琴

每个区域都有岗哨，一位老人主动和雷探长合影

消费。侯赛因告诉我，由于国家要在库尔德地方驻兵，他也将被派往前线。他可能会牺牲在战场上。

这一点还真不是夸大其词，两伊战争时期，伊拉克伤亡和被俘 48 万人，国家经济倒退 30 年，伊朗、伊拉克两国的青壮男子也死伤惨重。准确地说，在这里当兵，很多时候就是去送死。侯赛因告诉我他就要赶赴战场，这一去不知道是死是活。看着他过早地被命运审判，我一下子伤感了起来。一个年轻的生命就要为这样一场不值得的战争去送死，相比起来我们国家的年轻人真是幸福啊。这时候侯赛因向我告别，留给了我一个遗憾的背影。这个背影让我浮想联翩，难道他真的会牺牲吗？环看四周，满是手持 AK-47 的士兵在风中站立着……

回到巴格达的绿区，底格里斯河旁有一个公园。公园里全是朝气蓬勃的青年人在踢足球。当然除了踢足球的，还有跑步的，其实是足球队在训练。有个小伙子给我表演了他的球技，他非常有表现欲。这时来了一个大爷，非要加入进来。他穿着阿拉伯长袍，在里面乱踢一气，搅得谁也不喜欢他，他自己却乐在其中。我不敢问他是什么人，遇到这样的人我也很紧张，好人坏人很难分辨。足球队小伙儿们也表现出不耐烦的神情，并且做手势告诉我，这个大爷精神有问题。据了解，这个大爷也是在战争中受了刺激，所以比较疯癫，这里这样的人很多，我们就只好配合他踢了一会儿。

这时我看到在远处草地的吊篮上坐着一个穆斯林女孩。她一个人悠闲地坐着，让我产生了很大的好奇心，我决定上前和她聊聊。她叫诺亚，戴着灰色的头巾，和一般蒙面的女子不一样，她并没有蒙面，而是露着脸。她是一个比较开朗的女孩，对镜头并不避讳。要知道中东国家的穆斯林女孩一见到镜头就会躲，她不一样。我向她学习了阿拉伯语从 1 到 10 怎么说，同时也请她唱了一首阿拉伯语歌曲。刚开始她难为情，但后来她居然唱了，可以说是非常配合。这个穆斯林女孩给我留下了非常好的印象。随着我们沟通的深入，似乎她对我也产生了兴趣。她说要带我见一个朋友，就在不远处的底格里斯河畔，于是我就跟随她往河边走。来到一个很神秘的地方，她一招呼，出来了一个非常美丽的女孩。这个女孩出现的时候我简直兴奋不已，居然是一个和她一样打扮的时髦女子，颜值也很高。苗条的身材，乌黑的眉毛下是一双大眼睛，秀气中透着聪明和灵动。诺亚把这个闺密似的女朋友介绍给我认识。那个女孩也非常的镇定自若，马上就伸出手

当地女孩诺亚

要和我握手。就在一切美好就要汇聚于此的时候，从这个美女的身后又出现了一个男人。他身体健硕，眼神有力，可以说具备了伊拉克男人的外貌特点：虽然英俊却一脸惆怅。他站出来后就对着诺亚一顿大骂，非常不理性。诺亚再三解释，这个男子还是咄咄逼人，就差动手打人了。原来，这个男子是这个大眼睛美女的男朋友，他指责诺亚为什么要带陌生男人和他女朋友认识。就在我尴尬的时候，这名男子拉回女朋友，把所有责难都指向了诺亚，而不是我。能够感受到，这个男子给了外国人面子，但是对本国女子则毫不客气。

事后，诺亚有些难过，也有些遗憾。难过的是，自己受了委屈；遗憾的是，没有把自己国家最好的一面让我看到。她没有哭，只是沉默。他们都说阿拉伯语，我此刻帮不上什么忙，但是我送给诺亚一个礼物，我想让她记住，在我眼中她是最棒的，因为她一直在微笑。我能深刻地感受到当地男人在女性面前的强势，尤其是对文化程度低的女性。似乎这里女性的娱乐场合也很有限，她们不能在闲暇时找到一块可以放松的地方，来发泄生活中的烦恼。这也让穆斯林女孩的命运多了一些悲哀。

诺亚被闺密男友欺负，这一段没有出现在《冒险雷探长》节目正片里。节目里只播放了她和我坐在吊篮里唱歌聊天的内容。因为她是个好女孩，很单纯，在她眼中，自己的国家充满着希望，人与人之间依旧注重感情。我们不能永远去怀疑一个地方，有时候怀疑也是一种歧视。我们都不是上帝那样完美的圣人，人无完人。既然怀疑并不能解决问题，那就不要去怀疑他们好了，试着去信任他们吧。

巴比伦空中花园的秘密

早在 3500 年前，在古老的东方出现了一片神秘的沃土，这就是底格里斯河和幼发拉底河流经的美索不达米亚平原，《圣经》里称这里为伊甸园。这个地方是古代人类文明的重要发源地之一，创造了举世闻名的两河流域文明。刻在泥版上的楔形文字记载的史诗神话，是后人了解古巴比伦的重要载体。最为著名且带有传奇色彩的巴比伦空中花园，被列为古代西方世界七大奇迹之一，但至今没有人找到空中花园遗址的具体位置。此次雷探长来到伊拉克就是想寻找那些古巴比伦神秘遗址的秘密。

两河流域既然有 6000 年的文明史，那么在历史的长河中肯定给后人留下了很多财富和古迹。但是常年的战乱，加上北方库尔德地区极端分子的捣乱，亚述和帕提亚王国的一些王宫遗址已经在 2015 年间被 ISIS 摧毁。残存的地面建筑文物被政府封存了起来，一般人是看不到的。那些难得一见的珍宝暂时还不会对游客“微笑”，因为和平尚未到来。

当我做足准备，前往巴比伦古城时，其实我是很无助的。在马路上，我搭上了一辆开往伊拉克南部的汽车。刚上车，司机一听我要去一个这么知名的地方，于是开出了很高的价格。我当然要和他磨嘴皮子。其实啊，我最希望的只有两点，第一，能保证我往返安全；第二，司机最好不要半路上坐地起价。不过，这个司机看着年纪轻轻的，应该不会那么世故。

从巴格达前往巴比伦古城有两条公路，一条路是 1 号公路，用时一个半小时，另一条路是 8 号公路，要花两个多小时。从 1 号公路前往需行驶 120 公里，而从8号公路前往则需要行驶92公里。听起来当然走8号公路比较快一些，但是听说8号公路上冲突不断，不一定安全。时间有限，能在太阳落山前多看看巴比伦这片土地是多么重要啊，于是我选择了8号公路这条危险的公路前往巴比伦古城。城市遗址位于一个叫希拉（Hillah）的县城附近，一路上全是农田和椰枣树，不远处还有冒起的滚滚浓烟，这浓烟就是一种不祥的预兆。司机突然开始大喊大叫，因为他经常见到各种乱象，这叫声也许就是生命的狂欢吧，指不定哪天就没机会叫了呢。看到他这样，也让我备感紧张。

当我们的车接近巴比伦古城时，司机大叫："汉谟拉比。"我回头一看，一个石像耸立路旁。知道的人也许都清楚他是谁，他就是古巴比伦最伟大的国王，也是《汉谟拉比法典》的制定者和颁布者。这个石像也是根据《汉谟拉比法典》石柱上汉谟拉比的浮雕复原出的全身塑像。

渐渐地，巴比伦古城离我们越来越近。这个城的城墙很高，能看到护城河，很新也很旧——新可能修复过，旧是因为建筑样式确实古老。这时候检查身份的警察围了上来，把我的护照还有司机的驾驶证都拿出去盘查。当然这一路上至少已经历数次检查，十几公里一个检查站。有时候我真担心，遇到个不讲道理的警察可能真的就不让我过了。因为我已经遇到过很多次这样的事情了，有些警察得到了上级的放行通知，但还是不依不饶，他们身上有很强的职业病。这两个警察也一样，在酷暑下都快烤化了，但还是秉公办事，一直问我干什么的、什么时候走等问题。

其实这时巴比伦古城属于戒备状态，如果局势紧张了就彻底关闭，谁也别想看。我特别紧张是不是能通过介绍信进入这片区域。长官直摇头，说今天不对外开放，我听到这个回答，犹如惊雷震头，那我此行还有什么意义啊？我来了，时间、金钱都花了，让我原路返回吗？

就在这时，一位老人从古城里走了出来。他看了看我，问我是不是远道而来。我边比画边用英语讲清了来意，他得知后就对长官说："为什么不能让他进来看，再不看院子就长草了。"就这样我被一位不知名的工作人员带进了巴比伦古城。司机也沾光，我们一起走进了这片很少有人前往的遗址。

首先来到巴比伦古城城门前，这座城门有一个充满异域风情的名字叫伊斯塔尔门。伊斯塔尔是一位女神，相传她掌管爱情、丰收和战争。巴比伦古城里有很

萨达姆时期修复的巴比伦古城墙

多的高墙，高墙与高墙连接靠的是大门，这些大门都以神的名字来命名。最早的伊斯塔尔门是黄砖堆砌的，后来越修越高大上。在尼布甲尼撒二世时，巴比伦古城的艺术达到巅峰，这座大门的外观完全改成琉璃瓦装饰。琉璃的底色是蓝色，远远看去蓝得非常耀眼。

这位大爷特别给我讲解了门上的一些动物图案。他说这些动物看着很像牛，其实并不是。尤其有一个长得很像龙的动物，叫马尔杜克，它长着蛇的头，鱼的身子，老鹰的脚，眼镜蛇的尾巴。为什么要发明这样的动物，据说这是新巴比伦晚期神祇马尔杜克的宠物，也有人叫它怒蛇。在古巴比伦神话中，怒蛇出现在创世神话里，是由混沌母神迪亚马特创造出来的怪物之一，用来与主神马尔杜克一起战斗，是在圣经故事《彼勒与大龙》中提到的大龙。

现在巴比伦遗址前的伊斯塔尔门是一个复制品，外表根本没有用彩色琉璃瓦，油漆涂抹得十分粗糙，不忍细看。真品在德国的佩加蒙博物馆，当然雷探长为了做伊拉克的系列纪录片也专程飞往德国柏林，在博物馆里看到了真品。真品气势磅礴，色彩艳丽，上面的动物栩栩如生。大门高 12 米，1902 年到 1914 年

巴比伦的城门：伊斯塔尔门

被罗伯特·科尔德韦挖掘出来。他也是一位建筑师和考古学家，因其深入挖掘巴比伦古城而闻名。

我们在安静的巴比伦古城里走着，低头可以看到用沥青铺的路，至今这些沥青依然坚硬而且颜色稳定。大路两旁的民宅和妓院都复原了出来。在挖掘出来的古代建筑的地基上，修复时按照对古代建筑的理解而加高了墙体。这些围墙的来历可不简单，当时伊拉克正处于经济繁荣时期，总统萨达姆为了巩固统治地位，又为了保护文物，于是提出修建围墙，每一块墙砖上都有一组漂亮的文字，写着萨达姆的名字。据说这是萨达姆为了让人民永远记住他的丰功伟绩而做出的决定。其实人民特别反感这样的举动，文物就是文物，为什么要刻上现代人的名字呢？不过，这次对巴比伦古城墙的修缮，确实提高了伊拉克人对萨达姆的支持率。古老的文明毕竟是一个国家的重要象征，修复古建筑也是需要国家出资支持的。

在我拍摄的纪录片里总能看到我拍的景点没有什么人，这个地方真的一个人都没有，很像我穿越到了一个新世界，不说话都能听到自己的心跳声。巴比伦古城的城墙高高耸立，迂回神秘。这里没有谁敢随意乱走，头上时不时会有军用直升机飞过，时不时会有蛇在地洞口探头。可想而知，这是多么让人不安的地方。我还是不死心，想往古城深处探索，这里要么就是广场很大，要么就是高墙和高墙之间一条窄窄的小道。这个原理和中国的故宫布局相似，围在城里的人无法出去，挡在城外的人也看不到里面。这一定是以安全为目的设计出来的。

古巴比伦的文物出土的不是很多，但是留在世界上的任何一件都是宝贝中的宝贝。1901 年在今天伊朗的苏萨遗址发现了一块高大的黑色玄武岩石碑，这就是古巴比伦文明的集中见证——《汉谟拉比法典》。汉谟拉比于公元前 1728 年登上了王位，他一生的传奇不是赫赫的战功而是修订了世界上第一部非常完备的法典。法典前言说汉谟拉比的权利是神给予的，不可侵犯。正文一共有 282 条法典，强调了强奸、盗窃等犯罪的处罚办法。结语主要是写这部法律的公正性，希望能够流传于世，并诅咒那些破坏法典的人。

公元前 7 世纪，亚述在敌人的联合进攻中灭亡了，曾经制定了《汉谟拉比法典》的王国，在 1000 多年以后重新夺取了统治地位，历史上称为新巴比伦王国。国王尼布甲尼撒二世传说是一个残暴的君王，不过他却谱写了一曲广为传颂的爱情乐章。

古巴比伦时期的城砖

相传在公元前6世纪，巴比伦国王尼布甲尼撒二世迎娶了波斯米底的安美伊迪丝。公主美丽可人，深得国王宠爱。可是时间一长，公主愁容渐生，尼布甲尼撒二世不知何故，公主说：我的家乡峰峦叠翠，花草丛生。可这里是一望无际的巴比伦平原，连一个小山丘都找不到。我多么渴望能够再见到我家乡的山岭和盘山小道啊。原来公主得了思乡病。于是，尼布甲尼撒二世令工匠按照米底山区的景色，在她的王宫里建造了层层叠叠的阶梯花园。上面栽满了奇花异草，并在园中开辟了幽静的山间小道，小道旁是潺潺流水。远看这座人造小山仿佛悬在半空中，所以被称为“空中花园”。

看看，这是不是传说中的“败家媳妇”。要知道世界上有很多奇观都是国王为王后所建造的，比如印度的泰姬陵，就是印度莫卧儿皇帝为来自波斯的泰吉·玛哈尔王后而建。

无论这个故事是不是真实的，但是在伊拉克考古界，很多学者研究发现，空中花园也许并不在巴比伦城内，而是在北方的亚述遗址。事实上伊拉克的北方确实存在着很多的高塔建筑形式。亚述、哈特拉等都是在北方。可是在伊拉克的泥版上没有任何关于巴比伦空中花园的记载，现代考古学者们认为，也许空中花园并不存在，因为没有任何地面遗存。

但是我认为完全不存在有点不太可能。随着时代的变迁，多少地面文物荡然无存，没有物证不代表它不存在。也有怀疑论者认为空中花园千真万确存在过。在尼尼微宫殿里就有一幅尼尼微空中花园的浮雕，一些古典作家也称，亚述帝国辛那赫里布留下的诏书令中也提到修建花园一事。

此外还有几个证据：第一，2400多年前一位很具影响力的历史学家希罗多德就曾经去过空中花园，留下了很多关于空中花园的文字信息。第二，很多和建造空中花园有关的故事，都讲到这座花园是依靠幼发拉底河解决了供水。目前人们看到的这座巴比伦古城也正好在幼发拉底河畔，和故事并不矛盾。

根据传说推断，在幼发拉底河畔巴比伦古城的一块高地很有可能就是空中花园的遗址。这块高地本来应该是巴比伦古城的历史见证，结果在上面建造了一座现代宫殿，这座宫殿就是萨达姆的行宫。探秘这块古老的高地也许就能揭开空中花园的秘密，我决定前往一试。

想进入这个“空中花园”可是没门的事情，因为它并不是旅游景点，而是一个是非之地。和管理处商量后未果，我就在远处痴痴地张望着。这座大型的土山在巴比伦城废墟的任何角落都可以看到。此时突然有一个拉货的司机要上山，便“顺手牵羊”般把我带上了车，我高兴坏了。上山必须有汽车引导，我坐上汽车，汽车盘旋而上，这座萨达姆的行宫就在山坡最高处召唤我。由于古巴比伦的城内建筑早已荡然无存，这座宫殿为了显得不突兀，又能体现王者气质，所以它采用了南部乌尔古城的建筑风格。墙壁是斜坡样式设计，墙面和其他周围建筑一样用土黄色。当我来到土丘顶部这座宫殿的正门前，便可以俯瞰整个巴比伦古城：没想到是一派椰风荡漾的南国气息，特别像一些西方油画中的东方世界，比如埃及艳后克娄巴特拉七世在用人的扶持下，在枣椰树下侧卧的场景。

这座宫殿真的是超级雄伟。大门的头顶处有一连串的浮雕，表现的是萨达姆的各种丰功伟绩。有的描述萨达姆带领人民从事生产活动，有的则把萨达姆描绘成猎隼。两河流域各个时代的国王都看向他的方向，证明萨达姆也是这个时代的“神”。但是可惜的是，门前的喷水池早已干涸，喷漆涂鸦到处都是，楼梯早已碎石斑驳，可见建筑被破坏过，当地人带着仇恨继续肆意地鄙视着这座建筑。

据说萨达姆的宫殿在伊拉克全境共有50多处。宫殿内有游泳池、酒吧、电影院、桑拿房等，一应俱全。2003年，美军士兵闯入这里，被眼前的景象震撼到了。他们冲进宫殿，踩过那些昂贵的地毯。价值连城的花瓶被砸，建筑装饰用的黄金和宝藏被抢夺一空。我顺着摇摇欲坠的楼梯依靠手机微弱的灯光向楼上走去，看见到处都是破烂的罗马柱，如果这些柱子完整的话，那么走廊该有多气派。可是现在这地方也没人管，完全成了厕所，味道也非常大。走在里面有一种

萨达姆的卧室

阴森压抑的感觉。楼梯也看不到护栏，行人不小心随时会掉下去，也不知道这儿哪天会崩塌。

宫殿里最神秘的一个地方就是萨达姆曾经使用过的一个浴室。这个浴室是在一间通向阳台的屋子内，形状是方形。我蹑手蹑脚地往里走，真不知道里面会不会蹿出个什么恐怖的东西来。浴室的里面是一个圆形的浴缸，浴缸现在完全成了一个丢垃圾的池子。饮料瓶、饭盒、废纸都往里扔。我站在浴缸的中心，想象着这里曾有一位国王优雅而又安详地泡着澡。不过现在一切早已荡然无存，一点也找不到当年的感觉。萨达姆的卧室是一间非常大的屋子，据说这间屋子曾经有很多镜子，可以想象曾经的萨达姆也非常爱美。天花板有很多做工精美的木质花朵图案，这些花朵有 8 片花瓣，每片花瓣上都有一个艺术体的阿拉伯语，这些文字的意思就是——萨达姆。萨达姆不但把名字刻在巴比伦的城砖上，还嵌到了天花板上。

这座宫殿神秘而恐怖，虽然这里的主人早已阴魂散去。有人认为这座宫殿应该保存下来，以纪念那些建造它的人民。虽然宫殿内部的装修被彻底破坏，满墙不堪入目的涂鸦和咒骂的文字，但是唯有一处保留了下来，令我叹为观止。这处令我惊讶的景致位于宫殿的宴会厅，抬头张望便可以看到一张巨大的天花板壁画，壁画位于藻井的正中位置，非常醒目和华丽。这幅画借用了两河流域出土的文物，表现了伊拉克 6000 年的历史。这 6000 年的历史涵盖了各个王朝，各个时代，从古至今，非常漂亮，非常华丽。这些文物有乌尔苏巴德王后的王冠、金牛头竖琴、伊斯塔尔门、亚述古城、萨迈拉旋转宣礼塔等。能够想象这幅壁画涵盖

宴会厅天花板上的壁画描绘了伊拉克 6000 年的历史

了主人多么大的英雄豪情、壮志和筹谋。在整个建筑被毁坏的情况下为什么这幅壁画依然保存完好，估计就连那些美军看到了也心生怜惜，不想毁坏。

后来我还是止不住地问了下，为什么这座宫殿没有被彻底拆除，而只是破坏了装修？对于这个问题，带路人非常谨慎，但又非常想和我探讨。他思考了几秒组织了一下语言告诉我：“这是当时的历史原因，美国士兵冲进巴比伦古城遗址，他们因为要住在这里，睡在这里，因此他们没有拆除这座建筑，而是把它变成了一个避风港。”他说完就转身走了。不难看出，虽然萨达姆时代早已远去，但是出于敬畏，在萨达姆的宫殿里，多少还是保留着对萨达姆的一点儿敬畏。

萨达姆时期，高额的货币兑换率，使民生得以保障，并实现全民扫盲。随着萨达姆宫殿的损坏，他的“空中花园”也随之崩塌了，消失在人们的记忆当中。虽然会有些许遗憾，但这就是历史。

站在萨达姆的宫殿阳台上往下看，可以一眼看到底格里斯河从土坡旁边流过。这里有着整个伊拉克最美的风景，可以看到郁郁葱葱的枣椰树下一对农民夫

眺望底格里斯河

妻在土地上播种粮食，看得出他们很享受这种田园生活。我确定这里就是空中花园的所在地，因为在这幅画里我看到了“爱”。但是，远处传来了爆炸声，并且冒起了青烟，司机让我快些撤离此地。其实我并不担心什么，我就是来目睹真实的伊拉克的。但是司机跟着我只是为了赚钱，他有老婆有孩子，还要继续生活，所以我也要为他着想。

在离开巴比伦古城的时候，一出门司机突然开始向我要钱，我一抬头看到的正是汉谟拉比的雕像。可以说在巴比伦古城的国王雕像下面被勒索，这是多么大的讽刺。我不是特别想顺着他的意思，但还是看在这一路危险的份上多给了司机一些费用。但我希望他们不要有发国难财或者趁火打劫的想法，越是国家不稳定越是要做善良正直的人，这样才能为国家的复兴留下希望。

离开伊斯塔尔门时，车行驶在巴比伦的马路上。这条路以前是通往城内的中央大道，大道两边曾经有上千只狮子行走的浮雕，它们既用来恐吓外来的敌人，同时也欢迎着自己的王——尼布甲尼撒二世凯旋，王后安美伊迪丝此刻应该就在空中花园等待着夫君的到来。太阳慢慢地落下，一切真实和虚假都终将被带入无情的黑夜。当人们在战争废墟上回首千年前的传说，没有了真实的建筑，但真爱却永存人间。

从外星飞来的乌尔古城

两河流域文明，即在底格里斯河和幼发拉底河两条河流经地区发展起来的文明，主要由苏美尔人、阿卡德人、巴比伦人、亚述人创造。如今的两河流域充满了血雨腥风，千年的文物古迹在枪炮中有的危在旦夕，有的彻底毁灭，可人类还无法揭开它的谜团。

伊拉克的交通出行非常混乱，对于外国人而言，最不方便的就是乘坐当地公交车。实际上这个国家城市建设曾经非常发达，当中东很多国家还是一片沙漠的时候，伊拉克的首都巴格达就有比石油还珍贵的喷泉花坛，24 小时喷着水。双层大巴比比皆是，人们穿着时髦的衣服行走在大街上。现在你往大街上一站，看不到任何针对外来人的招待设施，只能看到满大街的黄色出租车跑来跑去。说实话他们特别希望能拉到外国人，这样就可以把车费抬得更高。在这里打表想都别想，有的车上确实能看到表，不过就是个装饰，上面还覆盖了三层灰。为了能进入那些古迹，我也是勉为其难。

炽热的阳光和高温，感觉要把眼珠子烤干。可能我也是被出租车宰惯了，每一次打车都是一次令人头痛的实力比拼，一上来先问价，然后一次次假装走，一次次等他回头，最后成交，真是打车都能打得九死一生。有一天黄昏，当我在巴格达最繁华的市场打车准备回酒店时，我结识了后来成为我在伊拉克最优秀向导的司机。

事情也很巧，一天下午，我在闹市区打了一辆车准备回去。上车时，这位司机突然开始用英文和我交流，而且他很有耐心和文化，感觉他像个学者。因为伊拉克很多司机要么啤酒肚配 Polo 衫，要么就是光头配阿拉伯长袍。唯独他在伊拉克出租车司机里算是一股清流，有文化，不着急，眼神安静，服装得体。

这位司机叫暮色达发。我坐了他的车，发现他知道得很多，于是和他约定以后让他载我出行。他的车费也非常贵，不过最后也给了我很大优惠。车费都是按照小时计算的，25000 第纳尔大约 132 元人民币。贵不贵只有出钱的人知道，每天即使什么也不看，算一算在路上的时间也要好几个小时，真是白花花的银子往外流。让人烦心的并不仅仅是钱的因素，其实坐在车上对安全的担忧，一路上硝烟弥漫、乌烟瘴气，到处都乱哄哄的，也让人受不了。

之前打过几次车，我需要有人带路，所以才选择租车。因为我寻找和前往的都是两河流域非常古老的遗址，如泰西封、萨迈拉旋转宣礼塔等遗址，不过最希望看到的还是乌尔古城。前往这些遗址的路上可以看出，布满灰尘的街道正期待一场大雨的清洗，那些破破烂烂的房子，看着真是需要推倒重建。我不禁和司机攀谈起来，我说巴格达以前可比迪拜强多了。他说："迪拜！好太多太多了。就是因为伊拉克发生了战争，死了很多人，也丢了很多钱，不然巴格达超过迪拜太多了。"巴格达的老城今天依旧危险，但是老一辈的伊拉克人还记得，在伊拉克最辉煌的时候他们的日子过得特滋润。

伊拉克拥有富足的资源，人民可以像沙特那样过着土豪般的日子，可如今却在随时可能发生的爆炸中担惊受怕。如今伊拉克的汽油价格，每升折合人民币 2.25 元，在我觉得汽油价格十分便宜的时候，伊拉克人却抱怨汽油的价格太贵。战争结束后很多人投入出租车行业，因为出租车价格很灵活，是开放式的，没有标准，贵在人力。我再次感叹，对于在伊拉克的外国人来说，出行成本真的很高。

我要前往考古的第一站是泰西封，它位于巴格达东南 32 公里处、底格里斯河左岸。早在公元前 129 年，帕提亚人就立它为冬都，后遭罗马人占领，再后来波斯萨珊王朝定其为首都，也就是波斯的旧都，至今很多黑袍伊朗人会前往泰西封寻根。进入泰西封并不是件容易的事。由于伊拉克战乱，多处文物被极端分子摧毁，泰西封又在第二次海湾战争中被破坏，巨大的拱门随时可能会崩塌。在伊拉克，所有的古迹都被军队里三层外三层地包围起来，不准游人入内。岗哨盘查了我半个小时，把护照都收走了，后来人家还是觉得不放心我。

我其实特别担心能不能到达泰西封，不会泡汤了吧？但是司机暮色达发很淡定地说："稳住稳住。"我感觉他就像知道结果一样，笃定地看着远方。不过我经历了那么多，就算不能进入泰西封，我也尽力了，我还是要积极面对。我只能在温度高达 50 摄氏度的车内等待主管的批准，似乎半条命都交给了军警人员，只为了能看古迹一眼。由于军人不放心，坚决要保证我的安全，于是他们开装甲车

泰西封遗址

看守泰西封的军人早已对这世界遗产见怪不怪

带着我向泰西封的方向走去。我觉得这也可能是对我的一种监视。

最终我在军人的护送下来到了泰西封遗址。绕过破铁丝网大门，一眼就看到了这座高大的建筑。但是没想到这么一个遗址却躲在一个小村庄里面，周围都是平凡得不能再平凡的土房子。整个泰西封建筑显得摇摇欲坠，从上到下都不能保持垂直。遗址从正面看有一个最大的特征，就是这里有一个很大的拱门，这个门是帕提亚首都皇宫宫殿大厅的正门。宫殿已经不见了，但是门还在。在第二次海湾战争中大门还遭到过损坏，为了不让墙倒，旁边还做了一个连接体，不然早就倒下了。这个建筑真的很漂亮，真的有如西亚宫廷似的建筑。其实泰西封上曾经有很多的文物，后来都被英国人搬运到了大英博物馆，比如在拱门下曾经就有很多的浮雕。泰西封文物虽然不多，但是能留下来的绝对都是无价之宝。

司机暮色达发发挥了他对历史学的认识，给我讲解着这里的光辉岁月。泰西封是帕提亚王国的王宫并且承载了辉煌灿烂的伊拉克文明。拱门高 35 米，宽 25 米，进深有 48 米。1888 年的洪水冲毁了 46 米长的右侧部分的一个门面，后来经过修复，把它扶正。

其实这个拱门并没有那么简单，顺着破旧的危楼走廊可以走进这个建筑的密室里。密室其实就是以前王室生活的地方，现在这里显然已经变成流浪汉的临时居所，有些角落能看出有人生活过。司机暮色达发讲解的兴致特别高。我走进了一间房子，里面乌漆墨黑，但是却在墙上有一个方形小孔，这个小孔引起了我的注意。小孔呈漏斗状，外面小，里面大。后来暮色达发告诉我，由于室外气温非常高，没有空调的古人发明了这种窗户，把窗口造得非常狭小，又通过漏斗放大透视的方式让人不觉得看这个窗子压抑。同时，进来的光线也被物理折射给扩大了。顺着没有扶手的楼梯一直往楼顶走，就来到了泰西封宫殿的露台。从这里就能看到泰西封宫殿拱门的最上端，这里也是离拱门最近的地方。这个拱门到底好不好看，我也没必要讲了，它只是个历史建筑而已。实际上我在泰西封遗址参观时有当地的武装警察陪着，军警全程基本没有什么表情。由于第二次海湾战争，伊拉克的古建筑都遍体鳞伤，本来摇摇欲坠的东西，可能在上面踩几下就塌了。更痛苦的是，随后的 ISIS 组织更是对这些建筑进行了毁灭性的破坏，尤其是对很少有人问津的亚述、哈特拉等北部地区的遗址。这些军警一个个全副武装，对游人也不苟言笑。但我总有一种感觉，这些军警并不是因为执行任务而严肃，他

亚述国王浮雕

亚述尼尼微著名浮雕《受伤的母狮》

们的人生全部奉献给了这些冰冷且不说话的文物。也许他们并不懂得这些文物的价值，或者无法理解人们为何要保护他。

其中一位军警拿着 AK-47 坐在墙头，他戴着红色贝雷帽，穿着土黄色迷彩服。如果你要摸他的枪，他会格外小心戒备，在他拿着枪的情况下我摸了摸，能看出他对我的不屑。他们并不是靠看守古迹而赚钱获利。你也许会认为严谨地看守古迹是他们的天职，其实在很多贫穷国家，当地军警、保安管理古迹的方式有些混乱，在印度、巴基斯坦、阿富汗等国家，这些古迹完全就被当成商品，还当着众人的面讨价还价。伊拉克的古迹曾经也有过这样的经历，现在古迹危在旦夕，国家对最重要的古迹还是下达了指令，就是要把它们保护好。我问暮色达发你知道乌鲁克吗？他告诉我："乌鲁克曾经是两河流域的一段文明史，今天伊拉克名字就来源于乌鲁克。"旁边的军警听得一头雾水，看得出来根本不感兴趣。

伊拉克其他地方的遗迹就没有这么幸运了。位于伊拉克北部地区的哈特拉古城，就在 2015 年 3 月 7 日被极端组织摧毁。极端组织闯入遗迹，对丝路历史上重要的哈特拉王国保存完好的建筑和雕像加以捣毁，最后还用推土机铲平。那座遗址简直就是雕像的海洋，因为欣赏古希腊和古罗马建筑艺术的人特别喜欢在房屋上设置大雕像。那里的雕像雕刻精美，展现了古希腊罗马时期人们的服饰，是那一时期人民生活的见证。于是袭击这些大雕像成了极端组织的主要目标。尽管如此，当局还是保护了一些，目前残存的一部分尚不知在何处，雷探长希望能去看一下。

现在我们了解哈特拉的历史只有三个途径了，一个是前往哈特拉古城遗址，一个是前往摩苏尔博物馆，还有一个就是伊拉克巴格达博物馆。很可惜的是，据雷探长了解，位于摩苏尔的哈特拉的一些文物都已经被破坏掉了，最关键的是哈特拉古城地面遗迹也被破坏掉了，最后只能前往伊拉克巴格达博物馆。

伊拉克巴格达博物馆见证了两河流域6000年的文明。事实上这座博物馆也不是最安全的地方。当年宣布萨达姆政权被推翻后，人们兴高采烈地跑到伊拉克巴格达博物馆把能抢的文物都抢了，带不走的文物也都砸了。在无政府的状态下，老祖宗留下的遗产就被他们当成看不懂的东西破坏了。如今这里不对外开放已很多年了，它实在是受了太多创伤也有太多是非。今天我能走进它也真是三生有幸。

当我步入哈特拉展区，这里的古代雕像栩栩如生，仿佛古人从历史的尘埃中向我走来。他们的服装、相貌、生活方式被刻画得明明白白。哈特拉是伊拉克北部古代帕提亚王国的古城，位于摩苏尔西南50公里处。神殿正门是希腊神话中蛇发女怪物美杜莎的石雕头像。长期以来哈特拉一直是东西方商队的主要汇聚地之一。走在空旷的博物馆，背后不禁一阵发凉，不敢想象这些逼真珍贵的雕像会被闯进来的歹徒打碎，刹那间我也觉得这里越来越不安全。

哈特拉现存的雕像

看着这些雕像其实也瘆得慌，每一个雕像的眼睛都是用琉璃制作的，你看着雕像的眼睛，就好像它也在看着你。这琉璃的制作技艺早在2000多年前就已经很发达了。这里还有一个哈特拉烧制的琉璃棺材，棺材上刻画了一些人整齐地躺在上面，充分展现了这个奴隶制王国的风俗。

哈特拉的贵族雕像，眼睛用琉璃制作，栩栩如生

古代的两河流域，地势平坦，土地肥沃，这里的先民拥有相当先进的农业，种植大麦、小麦的技术也不断向外传播。然而现在这里的农业技术相对落后，水资源短缺，农业用地严重依赖地表水，且主要集中在底格里斯河和幼发拉底河之间的美索不达米亚平原。

说了这么多被摧毁的古迹，那么伊拉克最具影响力且最古老的古迹是什么？这绝对要数两河流域最早的文明也是世界上最早的城市——乌尔古城。乌尔拥有6000多年的文明史。该城平面呈叶形，南北最长处相距1000米，东西最宽处相距600米。

乌尔古城在伊拉克南部穆盖伊尔附近，前往的道路十分艰辛。我在半路上好几次想打车，但是实在找不到车，最后有一辆车愿意载我一段路，这辆车是拉棺材的车，刚送死者从纳杰夫朝圣回来。在前往乌尔古城的路上，我看到很多朝圣者，这些人都是要前往纳杰夫的。纳杰夫是什叶派穆斯林的圣地，也是什叶派朝觐的中心。每年伊朗、阿富汗还有伊拉克本地的信众都会从四面八方赶往这里。路上能看到很多空着的帐篷，它们是提供给朝圣者休息的地方。伊拉克是个全民信教的国家，所以有专门的组织会为步行的朝圣者提供过夜的住处。

汽车开了4个多小时，从北向南一直开，终于接近乌尔古城了，远远就看到了一个砖砌的高塔。虽然能看到但想接近它却不容易，首先是路况，来到这里必须掉头转一个大弯，从高速上下去，才能从主干道上拐进通向乌尔古城的马路。没多久军方就把我们的车拦了下来，要我们出示政府发放的通行证。通行证真的很重要，之前说了，伊拉克的古建筑已经全部被政府管理了起来，不是谁都可以进去参观的。重要的是，越是这种地标性建筑越不要门票，因为根本没人来。由于军方不让我进入，经过交涉并且给他们出示了我所有的证件和资料，堪比办理住房登记手续。之后，他们终于动摇了，觉得这个中国人似乎只是想看看。就这样我被扣押一小时后最终被放行。

司机也为我开心，警察和军人也是他们最讨厌的对象。他认为我能成功进入可能是神在暗中安排吧，司机也一直在祷告着。我们激动地往前开，接近乌尔古城的时候我非常紧张。这遗址可不简单，千百年来被西方垂涎三尺，同时这片古迹还有很多未解之谜，甚至还有远古高科技文明的信息有待人们来揭开。

走进乌尔古城，一眼看到的是古城中的巨大神庙遗址。两河流域的神庙一般都是一座塔楼，外形看上去酷似金字塔。月神是乌尔古城之神，其形象是一位长

乌尔古城的大门口，可以一眼眺望到神庙

胡子的长者，通常戴着头巾，每天乘着小船在广阔的夜空中飞行。对尘世间的凡人来说，这条小船就是一轮明亮的新月，它照亮黑暗，驱走邪恶。但是也有人认为他们崇拜的也可能是某种空中飞行器。希罗多德在公元前 440 年曾经见过巴比伦空中花园，也见过乌尔塔庙。他描述过这个塔庙，神庙顶部的神坛并没有供奉神像，而是摆着一张巨大的床。乌尔塔庙是否为飞行器停机坪的说法一度在学术界讨论不休。

尽管如此，大多数人也只是在图片里见过乌尔塔庙，很多文字注解说这是人类最早的城市，很多人便认为这个塔庙就是城市。当然，这个理解是错误的。来到乌尔古城遗址，你会发现方圆几里地都是乌尔古城的区域，只是现存的唯一地面建筑就是塔庙。不过也不是只能看到这个塔庙，周围还能依稀看到一些土堆，这些土堆就是乌尔的民宅建筑。塔庙中月亮神的雕像已经倒塌了，远看有点像土堆。如果说这个塔庙完好无损的话，不难发现这建筑和墨西哥的奇琴·伊察金字塔、埃及金字塔都非常相似。这些古建筑的雷同难道预示着什么？

为什么乌尔古城十分重要？按照《圣经》的记载，地球曾经发生过一场大洪水，大洪水退去后苏美尔人从天而降，成为两河流域最早的居民。这种突然出现人类的现象是不符合科学规律的。因为人类的文明总有一个发展过程，比如先是出现远古人类，他们慢慢学会使用石器和火，然后缓慢进化成现代人，伴随着人类的进程，许多发明也是一个接一个出现的。诡异的是，苏美尔人好像在没有传承的基础上就诞生了文明，不免让人怀疑，难道苏美尔文明是外星人创造的吗？

看看，是不是乌尔古城一下子科幻了起来？苏美尔文明至今依然受到全世界考古学者和猎奇爱好者的关注。以英美军队为主的联合部队在 2003 年 3 月 20 日对伊拉克发动军事行动，美国以伊拉克藏有大规模杀伤性武器并暗中支持恐怖分子为由对伊拉克进行打击。随后美军占领了乌尔古城，并在古城周围驻兵，甚至在古城阅兵。美国一位历史学者看到了这一幕，于是赶紧提醒小布什总统，他严肃而诚恳地说："美军部队来到伊拉克动什么也不要动乌尔古城，因为地球一直在发展变化，古代的一些秘密早已没有依据可以去查找，乌尔古城是早期文明留给后人的唯一一把钥匙，如果这个地方消失了，人类就等于丢了这把钥匙，再也打不开那扇神秘的门了。"听到这些话，小布什马上命令美军部队保护乌尔古城。

战争结束后的一段时间里，封闭的乌尔古城迎来了第一批客人，也就是旅游团。当时只接待两个团：一个是台湾团，一个是英国团。可是有一次两个英国盗墓者化装成游客混进乌尔古城，在古城里偷偷挖掘宝藏。结果不但这两个英国人被绳之以法，而且乌尔古城的门从此被彻底关闭，再也不允许任何民间访问者到此游览，除非有通行证。这就是我不能随意进入的原因。听了我的这段讲解，大家应该知道乌尔古城为什么把守这么严格了吧。

乌尔古城里的军旗

说了那么多古城的故事，古城下到底还有什么宝藏这么让人向往？ 20世纪30年代，英国考古学家奥纳德·伍利率领一支考古队，在乌尔古城开始挖掘。在这之前人们对乌尔古城究竟有什么一概不知，只知道它是希伯来或者说以色列的始祖亚伯拉罕的诞生地。他们发现的最重要的墓葬是公元前2500年前乌尔第三王朝的陵墓。目前从这里出土的文物都存放在伊拉克巴格达博物馆和大英博物馆。阿卡德王朝灭亡100年以后两河流域又迎来了一个新的王朝，叫作乌尔第三王朝。第三王朝的建造者乌尔纳姆本来是乌尔城的一个军官，他重新统一了两河流域。大英博物馆里一尊小铜像塑造的就是乌尔纳姆顶着土在建造自己的王国。乌尔纳姆的儿子就是汉谟拉比。我们所知道的《汉谟拉比法典》，很多人认为并不是汉谟拉比颁布的，而是乌尔纳姆颁布的。

乌尔王后的金色王冠

融化的骨骼

乌尔的墓葬里还有一些宝贝，比如乌尔军旗、金牛头竖琴等。其中还发现了大量的金饰，比如乌尔王后的金色王冠、国王的金剑，以及金色酒杯、军人金色的头盔等。这里我为什么要强调说是金色，因为这些金色的物品全部都采用了一种不可思议的技术——电镀。什么？！电镀，你没听错，就是电镀！古代会有电镀技术吗？确实，问题的关键是既然有电镀那么首先要有电，电从哪儿来呢？可能有人会认为这绝对不可能。但是在1936年6月，巴格达郊区工人在修铁路

乌尔纳姆建造王国

时挖掘了一个古墓，从里面出土了一个陶罐，后来经过物理学家的验证，发现这原来是一个古代的电池，从此人们开始认为古代人早就掌握了电镀技术。记得在第一本书里，雷探长给大家介绍了在埃及的壁画上就出现过有人举着疑似电灯泡的画面，所以这成为怀疑论者一直想解决的谜团。也许有人会认为雷探长是在一本正经的胡说八道，我想阐述的是，乌尔古城的确因为这些未解之谜而变得更加神秘。至今人们也未了解那些电镀的器具是怎么制作的。

乌尔人的丧葬方式至今也是一道未解谜题。在发现的大量墓葬中，挖掘出的白骨非常诡异，这些白骨看上去似融化了一样，骨骼不但塌陷而且黏稠地摊着，就连头上戴的头饰也都黏在骨头上了，让人匪夷所思。这到底是怎么回事？这也成了乌尔古城一道未解谜题。

讲完了乌尔的故事，是不是觉得我冒死寻找它的理由更加充分了呢。在多年的战乱和破坏中，两河流域的古文明躲过了时间的腐蚀，却毁在人类自己的手中，我们还没有来得及好好地了解它，走进它，它就这样远去了，让人扼腕叹息。

巴别塔未被解开的上帝密码

巴别塔是另一个古巴比伦著名建筑。这是我非常感兴趣的一个话题，它对世界的影响不亚于巴比伦空中花园。这么说是因为人们若研究透了巴别塔，可能就能读懂前世的世界和未来的次序。

其实巴别塔这个故事源自《圣经》讲的一个颇有深意的故事：

大洪水过后，大地恢复原貌，上帝走过来在云彩里挂上彩虹发誓，从此再也不会发大洪水殃及人间了。于是挪亚的子孙开始繁衍生息，由于都是挪亚的后代，所以大家也只说一种语言。但是有一天人们开始担心，谁知道上帝会不会再次发大洪水，到那个时候我们又会被水淹没。于是有几个人开始商量能不能建一座高塔，通到天上去，那样洪水来了我们就不会淹死。人们从四面八方赶来，听从号召一起齐心协力地建造高塔。不久这座塔真的拔地而起，眼看着离天空越来越近。这件事让上帝知道了，上帝知道人们怀疑他的誓言，而且要挑战他，非常

与萨迈拉旋转宣礼塔合影

生气。他决定给人类一个惩罚，他来到人间，使用了离间计，打乱了人类的语言，于是人们说话彼此再也听不懂了。由于听不懂对方的话，也就不能互相配合继续建造高塔，工程从此不了了之。最后巴别塔工程就这样草草收场，人们各自回家。

这个故事的信息量很大：首先，它解释了人类语言是怎样产生的；其次，说明了一个带有深意的道理——人类如果团结起来，是可以挑战上帝的。但是人类一旦不再团结，就只能被上帝支配命运。这个故事似乎是在说人类的曾经和现在。那么在今天的伊拉克是否可以看到巴别塔的遗存呢？答案是不能。千百年来学者也一直在寻找巴别塔的地基，但是根本找不到。不过通过希罗多德的文字描述人们似乎能找到一些线索，大致知道这个塔是一个螺旋形向上延伸的高塔，凭这一点人们就可以展开想象。于是很多画家就画出了他们自己心中的螺旋形塔，并留在了历史资料中。历史上两河流域到底有没有出现过这样的高塔呢？实际上还真的有，就是在伊拉克北部地区的萨迈拉旋转宣礼塔，它是伊拉克境内唯一的古代螺旋形高塔。

这个宣礼塔有什么值得说的呢？说来话长，近些年伊拉克北部地区被 ISIS 控制，他们烧杀掠夺，不但控制了摩苏尔这样的古城，还三天两头地搞爆炸，很多历史遗存都不复存在了。但是老天总是有安排的，住在恐怖分子控制区的刚好是库尔德人，他们为了保卫自己的家园全副武装，与恐怖分子顽强地搏斗，因此伊拉克北方已经成为硝烟弥漫的战场。所有车辆如果向北开都极其危险，沿途检查很严格，不到 10 公里就要停车检查一次，且随时都会被拦下来，想一想还真的很紧张。我们和战争无关，却天天要和持枪的士兵打交道。俗话说，“秀才遇见兵，有理说不清”。前往乌尔古城的路上就是和一个士兵解释了半天，人家还不领情，真是非常痛苦。亚述古城、哈特拉古城都是在伊拉克北部，那么萨迈拉旋转宣礼塔是否能找到？我心里没底，因为一点线索都没有。

前往萨迈拉旋转宣礼塔是没有任何人可以提供帮助的，没有人会支持我前往战争前线。就这样我左等右等，忍无可忍，选了个大晴天一大早壮着胆子上路了。我拦了一辆车，这辆车下来个穿着阿拉伯长袍的司机大叔，是一位穆斯林。我给他指了指一张伊拉克钱币上的萨迈拉塔，他一看便知道了，说可以去，但是很危险，甚至不知道能不能走到底。他说他以前经常去（估计也是他年轻的时

守卫宣礼塔的伊拉克军人，再往北就是库尔德地区，此地相当于要塞

候），已经很多年再也没有去了。听到这儿我真的有些紧张，如果花了钱却半路上折回，那岂不是完全浪费了时间。来到伊拉克就是来探访这些人类古迹的，没有拍到任何资料就回来，岂不太悲剧了？

最终这位大叔决定带我前往。车发动了，一路上也全是破旧的房子，路上行人很多，现在到了什叶派穆斯林朝圣的旺季，很多穆斯林信众高举着印有什叶派圣人伊玛目·侯赛因的大旗在大街上走着。无论老幼都是步行，可见他们是多么的虔诚。年轻人走了那么远路依然生龙活虎，一路上又是唱又是跳的。这时一位朝拜的男子挥舞着伊玛目·侯赛因的大旗，示意我们把车停下，司机没有搭理一直开了过去，我问他这是为什么，司机说他想搭车，如果是去朝觐的，我们国家的司机会免费载他一程。我想怪不得搭车者要举着圣人的旗。但是我琢磨了一下，圣城纳杰夫不是在巴格达南部吗，为什么他要去北部朝觐。司机优哉游哉地说："他和你去的一样，也是去萨迈拉，因为那儿也是朝圣的圣地。"

冥冥之中我感受到了一丝希望，既然有人去朝觐，那么我应该也能潜入这一地区。慢慢地，路上的检查越来越多，司机总要先把车停下向我示意他要下车去登记，然后就会过来几个拿着枪的军人，查看我的签证。这一刻我非常紧张，以前所有司机都告诉我无论发生什么，切记千万不要下车。这是为什么呢？难道外面在打仗吗？其实这也不难解释，车在人在，人要是下了车，被盘问甚至遇到袭击，就很难再回到车上了。这一点也可以提醒读者，前往一个危险的地方，如果想平安就不要下车吧。当然这一带下车也真没什么好看的，一个外国人下了车只能引起各种好奇的目光，这样也是不安全因素之一。

司机一回来，说可以走了，我的心才落地。汽车行驶了 3 个多小时后就接近萨迈拉了，这时我的心又开始紧张起来。有人总说我的纪录片配乐很紧张，其实并不是随意加的，而是当时真的紧张。此时我耳边似乎就想起了一段紧张的电影音乐，比如《生死时速》，或者游戏中遇到大 BOSS 时的音乐。这个萨迈拉可不简单，它是通往北部地区的必经之路，如同一个咽喉。所有车辆都要例行大查一次。像我这样的外国人，一旦被勒令返回，那可就前功尽弃了。

这时，司机高声向我说："萨迈拉！萨迈拉！"我探头张望，看了半天也没看到什么，突然，在地平线上终于看到了一个小小的塔尖，这就是萨迈拉旋转宣礼塔。这情景简直就像是沙漠里的探险队看到湖水一样的惊喜。这座塔和我在钱币上看到的一模一样。能看到高塔也就说明已经到了萨迈拉古城。

这时，车窗外突然冒起滚滚浓烟，马路上的装甲车呼啸而过，天空匆匆飞过数架武装直升机。随即，我所乘坐的出租车被全副武装的军人拦了下来，我很害怕，担心是否会卷入这起突发的事件，是否会被逮捕。这时两个没有穿警服的人上来要看我的护照，底气十足。他们看了我的护照，给我的答案是我绝对不能再往前走了。天哪，听到这样的消息简直比听到噩耗还要难过。"旋转塔这么近就让我看看吧。"我哀求道。"太危险了！去了就是送死。"他们说。

于是，接下来的时间里谈判开始了。他们说萨迈拉旋转宣礼塔目前不准任何外国人进入，你不知道吗？我说不知道。他们不屑与我交流，让我马上离开，并给我时间让我做离开的准备，但是我怎么能放弃。司机也是既帮我说话，又拍脑门，而且一直向真主祷告，希望顺利通关。这两位便衣看我依然不走，便给了以下折中方案："我扣下司机的驾驶证，然后再扣下你的护照，然后你们看完了萨迈拉旋转宣礼塔返回时可以取走，而且今天必须返回。"当然这个结果也是他们和上面领导协商后得出的。其实他们的意思就是怕我继续往北边城市走，不但会给自己带来危险，而且也不清楚我们是不是去制造麻烦的。至于他们为什么这么紧张，从这些军人的只言片语中得到线索，前方开来的库尔德汽车发生爆炸，而且正在燃烧。听到这里我欣然答应，我们的车继续往宣礼塔驶去。

快到宣礼塔了，路上人满为患，很多黑袍什叶派穆斯林在马路上成群结队地走，很混乱。羊群也成群结队的，和人一起争相过马路。司机一直不断地做祷告，甚至两手摊开对着天空祈祷。终于来到宣礼塔停车场，这边也是一片荒芜，零星的有小贩在卖水。很多当地人和军人老远就看到车里是外国人，所以就围了上来。我们不免会有点尴尬和麻烦，总有当地人围着，我们还怎么拍啊。我觉得伊拉克人作为这片神奇的土地上的居民非常有灵气，可能还隐藏着特异功能，他们的视力太好了。门票一个人 25000 第纳尔，约合人民币 133 元。宣礼塔对外国人售票，本地人免费，门卫可能很长时间没有售票了，自己都忘了开票的顺序，手忙脚乱地撕票、数钱、找钱。

萨迈拉旋转宣礼塔此时完整地矗立在我面前。它是公元 9 世纪留下来的，位于有 1200 多年历史的清真寺中，这个宣礼塔就是清真寺用来召唤人们来做礼拜的那个高塔，也叫邦克楼。它也曾遭受恐怖分子的袭击，差点就倒了。这个塔其实也有自己的名字叫 malyaia，由阿拔斯王朝哈里发穆塔瓦基勒所建。阿拔斯王朝就是我们历史上所称的大食，是阿拉伯帝国的一个朝代，国王叫哈里发。古代的哈里发为了体现自己的王权和气派，都会修建一个漂亮的高塔。

这个塔之所以被称为“旋转塔”，就是因为其楼梯顺着塔身盘旋而上，远看就像旋转的螺丝一样，普通高塔一般都是在塔的内部设计楼梯，这个高塔却把楼梯设计到了外面，非常的独特。而且楼梯没有扶手，行人很容易掉下去，所以这时就上来一个自告奋勇的野导说要保护我。我也能理解，这里有很多人其实没有工作，因为战乱，很多伊拉克人还没有饭吃，没有工作机会。所以见了外国人，求生的本能就让他们的服务意识增强了起来。

我为什么要介绍这个宣礼塔和巴别塔有关呢？因为历史上一直认为，巴别塔只是一个传说，唯一的依据就是希罗多德的描述。他说这座塔直通到天空，向上走越来越小，楼梯贴着塔身盘旋而上。虽然人们不曾找到任何关于巴别塔的线索，但是这座耸立了近 1200 年的宣礼塔难道不是对这段传说最好的解释吗？按

萨迈拉旋转宣礼塔前的清真寺遗址

照建筑学的观点，虽然一个国家的朝代会变，但是建筑却会世代相传，巴别塔如果真的不存在，为什么希罗多德描写的景象和萨迈拉旋转宣礼塔这么像呢？

我顺着楼梯往塔上走，真的非常陡，我也有点恐高。这座塔虽然古老，楼梯居然都在，而且是砖块一体的。这时后面的人让我让让道儿，我回头一看原来是带着小女孩的一位父亲。我立刻反应过来，这么危险不能让孩子走外侧啊，掉下去怎么办，孩子要贴着墙走，所以就给孩子让了道儿。上楼的路上总会碰到穿黑袍的朝觐者，她们虽然是女性，但是有别于其他伊斯兰国家的妇女，她们一直和我点头示意，感觉很友好的样子。但是不要被这种友好所蒙蔽，这里毕竟还处于北方战乱区域，恐怖分子除了袭击古建筑还袭击外国人，以制造国际舆论。也许你看到的黑袍女子未必都是好人。电视新闻里经常会报道，在北部摩苏尔，一些妇女会穿着黑袍，蒙着脸，她们虽然抱着孩子，但是袍子里会藏着冲锋枪，或者炸药，以女人柔弱的形象骗过人们，然后来到人多的地方开枪或引爆炸弹，和周围的人同归于尽。我带着这样的意识，在这里能不紧张吗！

为什么这里的人多呢？还有一个原因，由于北方正在打仗，大量伊拉克北部难民四处逃亡，有勇气的可能会偷渡到欧洲，但是大部分人会往南方逃，所以萨迈拉成为他们向南逃亡的一个大站。

一路向上，在北面可以看到塔的影子。为什么伊拉克的宣礼塔只能看到一个塔呢？因为波斯的清真寺古代都是一个宣礼塔，象征着归真，后世的建筑都继承了这一特征。往上走，楼梯越来越陡峭，人可以站的面积越来越小。真难想象，要是一失足掉下去，这地方可没有人来抢救。我往塔顶走，穿过一道门，进入了古堡似的室内。这一设计非常像古代长城烽火台的样子。

终于接近塔顶，然后就看到一些男人的脚，看到他们站在塔顶俯视着我。我小心翼翼地探出头，松了口气，感叹道："我终于接近上帝了。"在宣礼塔的顶部可以看到底格里斯河灌溉的肥沃土地。不难想象伊拉克曾经是多么美好的地方，要不然怎么传说伊甸园就位于这里呢。在宣礼塔上，几个当地少女好奇地看着我，她们非常漂亮，我送给她们手链作为礼物，她们非常高兴。一位长者好奇地问我来干什么，我十分尴尬，因为旅游这样的解释他们是不会相信的，于是我就说我是工程师。此刻所有登上塔顶的人都希望和神更亲近，有人在这里祷告着。

在塔顶我回忆起自己的人生，这一路走来充满了艰难困苦。我并没有出生在

底格里斯河日落

一个富裕的家庭，能走到今天都源于我自己的选择和不断的学习。小时候特别喜欢看《超人》，我特别希望有超能力，可以用自己特殊的力量帮助别人，而且不收任何费用。我的这种观念后来就变成一种习惯，不停地改变自己，让自己站得很高，而不是遇到困难就退缩。很多人说我胆子很大，其实这是正义的力量，是自己要征服周围恶劣环境的执着。我也很少受别人的影响。比如 16 岁的学生时代，上专业课我从不缺课，老师点名时，很多男生还在宿舍睡觉。自己不合群地坐在教室里，就连老师也怀疑我是不是和同学关系不好。现在想想我小时候就是"偏执狂"，加上积极向上的价值观吧，才让自己走到现在。我认为这也许就是一种超能力，叫自律。

我经常说，登上山顶才能看到别样的风景。我觉得人一生中一定要有一个制高点，这样才能看清自己的价值，不然会随波逐流。我们心中一定要有一座山，你在任何角落都能看到它。当你低谷的时候，你知道那座山在等着你，你就有登上制高点的可能。生活中，你要试着去登上一座最高的山峰，去闯最广阔的沙漠。有这样的想法，你的人生才可能不畏惧那些小的磨难，而且会比别人的视野更开阔。

我认为巴别塔并不是传说，因为人类本身是需要正义和挑战极限的。有了挑战，人类才能进步，才不会失去上帝赋予的“超能力”。如果失去挑战，人类将一无是处。我认为巴别塔的故事是一个预言，更深层的含义是说，如果人类集结所有人的力量是可以打造一个高塔来代替上帝的。换句话说，如果人类共同努力，劲往一处使，就能做成一件拯救自身的大事。可惜，如今的地球上一些地方依然战火纷飞，硝烟弥漫，也许这也是巴别塔这个故事结局的真实影射。无论怎样，我相信，总有一天，人类会结束纷争，汇集全世界的力量来建造一座高塔，将地球的明天推向更加不可思议的未来。可能就如同这个故事里暗示的，人类脱离地球，走向太空。

圣地纳杰夫被抬起的棺木

众所周知，伊拉克居民中95%信奉伊斯兰教，其中什叶派穆斯林占54.5%，逊尼派穆斯林占40.5%。纳杰夫是什叶派穆斯林的圣地，这里云集着从四面八方前来祷告朝觐的虔诚的信众。纳杰夫位于巴格达以南160公里处，于公元791年建成，10世纪开始昌盛。这里为什么能成为朝觐的圣地？原来，这里有第四代哈里发阿里的陵墓。哈里发就是伊斯兰世界里国王的意思，他们既有政治权力，又掌管宗教大权，受人敬仰。

1991年第一次海湾战争时，英、美、法等国在纳杰夫建立了“禁飞区”，借口保护伊拉克南部什叶派穆斯林不受空袭。当然除了纳杰夫，不远处还有一座圣城就是卡尔巴拉，这里坐落着第四代哈里发阿里的儿子伊玛目·侯赛因和阿巴斯的陵墓。伊玛目·侯赛因在公元680年由于反对倭马亚王朝实行哈里发世袭制，被库法人邀请去库法就任哈里发职位。在携家人从麦地那去往库法途中，不幸落入圈套，被赶来的倭马亚王朝的追兵追杀，最后寡不敌众全部遇难。每年什叶派穆斯林有一个盛大的阿舒拉日，就是为了纪念伊玛目·侯赛因被敌人刀割之痛。

很多人希望死后葬在圣地纳杰夫，所以这里形成了一望无际的墓地

信众们为了表现出自己对于圣人的忠诚，同样会用刀片割自己裸露的上身，弄得躯体血肉模糊。这一盛大的传统纪念日在印度、伊朗、伊拉克只要是有什叶派的地方都可以看到。如果有一天你去了上述国家刚好碰到阿舒拉日，不要害怕这场面。

此次伊拉克之行不去拜访纳杰夫和卡尔巴拉是不是就枉费此行呢！越想越着急，飞机飞不过去，只能陆路了。我坐着暮色达发的车，一路向南，这一路上的困难也是一言难尽。看来找一个好的向导非常重要，向导一定要见过世面，他能解决关键问题。为了方便朝拜者，一路上会有很多的救济站，专门给信众或者身无分文的路人送水送吃的，而且是免费的，随便拿。那么有人要问这些东西是谁花钱采购的呢？其实这个一点也不用担心，这一点和我们国家佛教节日上香一样，人们不但花钱请香请蜡烛，还要在寺庙的菩萨前、水缸里、池塘里散很多钱。这些地方往往也是最不愁钱的。

说起伊拉克的美食，我也是来了才知道，这个国家的人基本还是非常喜欢吃肉的。烤鱼和羊头肉非常流行。他们的烤鱼用的是底格里斯河里的草鱼，又肥又大。这里专门有卖鱼的商店，而不是在菜市场卖。商店里会有个大鱼池，养着鱼。有需求时，伙计把鱼打昏清理了，然后劈成两半放到大叉子上。烤鱼的时候也不加任何调料，显然烤出来没什么味道。不过学问是在吃的时候，根据需要在鱼上面撒一层盐，然后就着饼与番茄、黄瓜、洋葱和青辣椒吃。由于鱼本身脂肪含量高，烤时不加作料，所以完全是吃着鱼自身的味道。当地人非常喜好这口。

底格里斯河烤鱼

羊头肉“巴查尔”

另一个美食是伊拉克羊头肉，当地语叫“巴查尔”。我也是在公路上看到路边店铺挂着羊头，很好奇，司机暮色达发边介绍边流口水。于是我要求他带我去吃“巴查尔”，我请客。我们走街串巷，来到一家店铺前。这家店铺很小，但是墙壁上挂的照片全是伊拉克曾经繁荣时期的样子，非常怀旧，这也说明来用餐的都是些怀旧的中老年人。真正的年轻人一般会去高档的商场吃炸鸡和薯条。不要认为这里啥也没有，高档的商场也和我们一样，走进去一看很有迪拜的感觉，很多产品也来自迪拜，只是安检和保安非常严格。

当我打开店里冰箱，发现里面放满了羊头，这些羊头都需要经过水煮，撇掉上面的白色沫子。当羊头在一口大锅里煮熟后，要用切烤鸭的方式片出来。暮色达发教我怎么吃：需要在羊头肉上挤上柠檬汁，这种羊头肉是不加任何调料的，直接吃肯定特别腻。这个国家没有醋，柠檬汁就相当于醋，能去除一定的膻味。伊拉克人和印度人一样也是习惯用手抓饭。当我用手抓起一块肉放进嘴里，原来味道这么大，一股羊身上的味道。司机暮色达发却非常喜欢吃，大部分都被他吃了。看来伊拉克真是一个非常喜欢肉食而且粗犷豪迈的地方。

我们的朝觐之旅首先来到的是圣城卡尔巴拉。进入该地区最大的困难是我不敢拍摄，这里人多眼杂，而且是一个宗教区域。该区域很多人不一定理解我的行为，容易造成不必要的麻烦。但是我们做的事情是拍纪录片，是传播知识的行为。我还是在寻找机会拍摄，从城外逐渐接近圣墓。大街上到处挂着阿里·侯赛因的画像和大量阿拉伯文写成的巨大条幅。进入清真寺严密的检查让我担心是否能最终进入圣墓。

穿过密集的人流，通过第四道关卡，眼前豁然开朗，卡尔巴拉的两座圣墓同时出现。我来到这个城市，真的是仿佛置身于《一千零一夜》所描绘的场景：巴格达女人们蒙着面，街道保持着传统气息，房屋都是古时候的样子，当然还有很多大大小小的清真寺随处可见。一般人来到纳杰夫一定要有保安拿枪护送，所以这里不是十分安全。女性和男性安检完全不一样，要在一个房间里单独接受检查。穿黑袍和蒙面的女性，在外面看起来很神秘，但是到了屋里就必须完全听警察指挥，配合安检。还有一些妇女穿着五颜六色的盖头，它有点像欧洲的洋裙子，甚至镶有蕾丝或者艳丽的花边。暮色达发告诉我这是来自巴基斯坦的什叶派，虽然我也去过巴基斯坦但还真没见到过这样的穆斯林，从她们黝黑的皮肤上看更像印度人。

写到这里插一句，到 2018 年底，我走完了南亚全部国家，在斯里兰卡我终于看到了这种令我记忆犹新的服装，而且穿的人非常多，原来这种身穿西洋装的什叶派穆斯林是斯里兰卡人，由于斯里兰卡人受到英国殖民者的影响，她们的任何服装都带有西洋感。而且我还采访到了一家斯里兰卡什叶派家庭，他们非常友好，听说我去过纳杰夫他们也非常惊讶，因为这也是他们心中向往的圣地。

这时我看到六名男子镇定自若地抬着棺木，在人群中穿行而过，而且不止一组，而是好几组。我跟着人群往里找，看到一些人正在从车上往下卸棺材，棺材很窄，感觉就像三合板那样的材质，被绑在面包车车顶。其实这里我要插一句，我们前往乌尔古城乘坐的也是装棺材的车。看到拉棺材这样的场景，我变得有些语无伦次，虽然我不害怕，但是面对死人我还是多少有些敬畏的。估计很多城里的人很少再见到赤裸裸的棺材或者直接看到尸体，年轻人对于死亡的认知也变得没有什么概念了。

逝世于阿舒拉日的伊玛目·侯赛因，被所有什叶派穆斯林祭奠着，正如《古

伊玛目·侯赛因的陵墓

兰经》中所言，为教捐躯虽死犹生，在后世将永居天国。时至今日，每当有信徒逝世，棺木都会被庄重地抬着，绕着陵墓巡游一圈。他们坚信，阿拉会拯救伊玛目·侯赛因，也会拯救每一位信徒。

无论是伊玛目·阿巴斯，还是伊玛目·侯赛因，他们的陵墓真是非常气派，波斯的清真寺本身就是全世界最华丽的清真寺，这两座陵墓更是融合了特别多的建筑特点，各种马赛克镶嵌、绘画、贴金……让人眼花缭乱。由于这一带加大了安保力度，我们要经过严格的检查才能进入，而且不能带包也不能带手机，人们只能带着虔诚进入。但越是这样就越是神秘……侯赛因墓地内的景象到底是怎样的呢？

我们先来了解一下这一带的墓葬文化。由于卡尔巴拉和纳杰夫是圣城，圣人葬在这里，所以信徒们最大的心愿就是死后也能葬在这两座城市。但是人多地少，这个想法虽然美好，没有地也不行啊。于是只有一个对策能解决，就是不停地扩建墓地面积，扩大墓地范围，把住宅、农田、工厂统统都搬走。圣徒们只要能安葬在圣地，花再大价钱买下这寸土寸金的地也在所不辞。

在纳杰夫郊外就有这么一片看不到边的墓地，这里竟然埋葬着数百万人，所以也被认为是最接近亡灵的地方。当我第一次来到这片墓地时已经是晚上，墓地里没有灯，只能借助远处的路灯看向这些坟头，隐隐约约。死者亲属还会把失去的亲人的照片用喷绘的形式放得很大，甚至两三米高，这么高的死者肖像也只有在这里看到，跟明星广告似的。看到这些死者冲着你笑，真的不寒而栗。这里的墓很有特点，为了防止破坏，有的专门在墓地外围盖了一个房子，并且锁上门。其实这样的形式类似“拱北”，香妃墓还有泰姬陵都是这样的建筑风格，只不过更庄严华丽。有的会给坟头搭上凉亭，有的会挖个地宫也可以说是个地窖。

我当时沿着一个坟墓的地窖往下走，这个地窖真的很幽深，越走越觉得不对劲儿，手机的光居然照不到底。随着往下走的深度增加，我看到里面出现一个毛茸茸的长长的东西，于是我把手慢慢地伸了过去……“该走了，时间太长了。”暮色达发的这一叫吓了我一跳。当我再往里看时，这个毛茸茸的东西一下缩了回去，我当场叫了出来。天哪，这墓里面还出了灵异啊，难道是我看了不该看的东西吗？

上了车我总觉得身上不干净，呼吸也不对了。我看了那么多墓地没有像今天这么诡异的。我本来不想给司机说，还是忍不住说了一下。“刚才，下面有个毛茸茸的东西动了一下。”暮色达发没有表情，他用他一贯的淡定语调说：“小心点，不要去碰他们，都是流浪汉，没有房子睡在里面，就是活死人。”

毕竟是战乱国家，穷人的生活没有着落，找个墓室住，躺着等死的人比比皆是。我回忆了一下，那个毛茸茸的其实是人的头发，至少有 3 尺长，只有很长时间不刮胡子不理头发的人才会这样，这就是战乱国家穷人的悲惨现状。在这片墓地，人们见缝插针地拥挤在一起，就像路边的住房乱盖乱建，显得非常混乱。因为这里靠近阿里的圣墓，这块巨大的墓地已有 1400 多年的历史。随着伊拉克内部武装冲突的加剧，进入这个墓地的逝者也在不断增加。所以这座古城，最常见的就是送葬的队伍。

说完了穷人的墓地，我就来说一下纳杰夫阿里的墓。当我进入阿里的墓时被眼前的景象惊呆了，阿里清真寺始建于公元 687 年，后经过多次扩建，墓地中心就是阿里的棺椁，整个棺椁用黄金打造，信徒们围绕着棺椁高喊阿里的名字，然后抚摸或者亲吻着阿里的棺木。我看到周围有人在放声地哭泣，有人在祈祷，有

阿里清真寺门前

阿里的黄金棺椁

圣人墓地被打造得金碧辉煌

人在忏悔，有人在打自己的脸。也能看见有人举着棺木，甚至从我的头顶上掠过。墓中心的房间人太多了，所有人都挤向前，一边哭泣一边用手抚摸金色的棺椁。

场面如此震撼，似乎这里每个人都是真诚地面对自己的灵魂，不敢有半点虚假。这一幕也影响到了我，我觉得我是不是也要做些什么。暮色达发把脸贴到棺椁上去亲吻，示意我也试一下。于是我带着虔诚和尊敬的心，也去献上了一个吻，把我的吻留在了阿里的棺椁上。他竖起大拇指说很好，阿里会保佑你的。

纳杰夫的阿里清真寺可以说是阿拉伯建筑艺术的瑰宝，外部有两个镀金的尖顶，墙由意大利大理石砌成，镀金的天花板悬挂着镀金打造的灯架，灯上镶嵌有宝石。阿里的棺椁是一个由纯金和纯银打造的 8 米高的大棺椁。可见后人对圣人无比崇拜。

在卡尔巴拉，阿里两个儿子的墓也同样很华丽。他们的棺椁是银色的，但是这里的女性更多，由于女子不能进入中心殿堂，很多妇女会坐在大门口抱着寺院门哭泣着忏悔。有些人蒙着面，能看到眼泪从面纱里流了出来，她们真的是用心忏悔自己的过错。

纳杰夫和卡尔巴拉让我也有了人生的感悟。人生上半场很多人还在等待命运给自己安排得妥妥的，顺便笑笑别人。可是来到人生下半场，一下子觉得时间不够用了，所以喜欢跳舞的、爱打扮的、爱拍照的人一下子活跃了起来，变得倍加珍惜那些有益的朋友，更喜欢和志同道合的人合作。生孩子、工作、赚钱，都是自己的事情。没人逼着你成功，也没有人逼着你有钱，没有人逼着你去远方。人的一生怎么过是自己决定的，死后也不会有人记得你，墓地也得自费。

真的敢接触死亡、感悟生死的人不多，因为人们不愿相信自己在长大。尽管人们用各种方法想留住青春，可是你的昨天永远比今天年轻。

萨德尔城枪械市场生死探秘

除了纳杰夫这样的宗教圣地，伊拉克还有一些地方，这些地方虽然也有信仰，但不像纳杰夫那么纯粹，性质更复杂。

在首都巴格达东部地区有一个叫萨德尔城的地方，这里充斥着危险。我在马路上打听萨德尔城怎么去，当地人异口同声地说："很大，很大。"我说我要去萨德尔城的枪械市场，为了让他们理解，我给他们做出了开枪的动作。他们很聪明，居然理解了。于是早就做好"钓鱼"准备的司机就示意说他知道怎么走。其实在萨德尔城最为著名的就是这个枪械市场，这个地方多年来以贩卖枪支出名，因为很多人在这里试枪，有一次还发生走火，没把试枪者自己打死，倒是把围观的路人打死了。

我这次前往萨德尔城，不但要看到枪械市场，还要拍到整片区域，不仅我要看到，还要让更多的人了解这个地方，这样其实就更危险了。半路上有一个陌生的女子搭车，我问她萨德尔城是不是很危险。她说是的，很有可能被爆头。她问我是自己去吗？有保安陪着吗？我说是的，自己去。她说为什么没有保安？我居然无言以对，于是沉默地看着她。她看出了我的尴尬，于是不再追问。由于我对萨德尔城一知半解，便特地询问了萨德尔城的状况。司机说，萨德尔城的武器市场非常危险，在那里禁止携带相机，否则会被枪杀。车上的女乘客也非常诧异我为什么没有安保人员和翻译，这样人身安全根本不能得到保障。

其实很多人平时也问我这个问题，为什么没有保安保护我？其实请保安是需要钱的，有钱有有钱的去法，没钱有没钱的去法。我在旅途中还没有请过保安保护过一次，也没有体会过有保安保护是啥感觉。但是我这样没有保安，不意味着我不能前往危险地带，就看我遇到事情如何处理，这需要丰富的社会经验和情商，有它们的帮助有时候是可以化险为夷的。

下午时分我被带到了萨德尔城，可以感受到这个地方非常广阔。从地图上看这里是一个方方正正的城，可能也是一个新兴的小镇。

萨德尔城是伊拉克首都巴格达的一个区，由伊拉克前总理阿布德·卡里

萨德尔父子的巨型海报摆放在城市入口处

远处的围墙里就是曾经的天堂广场，广场正中央曾立着萨达姆雕像，该雕像于 2003 年 4 月 9 日被推倒

姆·卡西姆于 1959 年建立，原名革命城。后人为了纪念反美斗士穆罕默德·萨德尔而改为现在的名称。此时围上来一堆人，问我是日本人还是中国人。我讲明了我的国籍，并且告诉他们我要进入枪械市场。此时他们都明白了，而且做出了开枪的动作，然后说："不要去！不要去！那里非常危险。"由于枪械市场是一处禁区，司机并没有把我送到目的地。下车后，我就开始询问路线，凡是听到枪械市场的人都直摇头，说："一定不要进去，一定不要进去。"

这时突然出现了一个骑摩托车的小伙儿，他主动提出带我进去。我并不知道这个小伙儿的具体身份，一旦上了车就只能任由其掌控，可似乎也没有别的办法，于是我决定，即使上了贼船，我也要揭开枪械市场的真面目。我一手拿着摄像机，一手扶着车坐好，就这样上路了。摩托车一路向前，开了很久，这也说明萨德尔城真的深不可测。我心里想，在萨德尔城能使用枪支弹药，这地方肯定不太平，周围的老百姓一定经历过很多难以想象的事情。

这位摩托车小伙儿愿意带我进去其实也是有一点心机的，因为这里很少有外国人来，尤其是富有探险精神的东亚人更少，他们没见过我这样的。小伙儿把我当招牌似的，带到一个又一个商贩的摊位前，让这些摊主和我合影。这也真是尴尬，一般都是我自己决定和谁合影，这回我成了被随便乱拍乱摸的对象，跟蜡像似的。每一次下车我都很担心坐不回去。路途中还会有人向我展示他们的文身，很多人的文身尽管也是伊玛目·侯赛因和伊玛目·阿巴斯这样圣人的名字，可是好人坏人依然很难分辨。

我看到这条马路上的车辆和行人也是混成一团。总有人上前问我要不要喝威士忌，有意思的是伊斯兰国家是禁酒的，他们这么高调地要求我喝酒，可见这个国家在中东国家中一度是品位很高的。萨德尔城虽然离首都不远，但是这个城市爆炸、枪击、绑架事件频发。小伙儿载着我慢慢往集市深处驶去，似乎危险即将在下一秒降临。

往深处走，先是出现了旧家具和旧电器的市场，一些人在拼命地搬运着这些东西。虽然我一直在笑，但是紧张的气息也会影响到我的谈吐。人越来越多，有人见到我之后立刻抓住我的手不放，行吻手礼，而且喊着“兄弟，兄弟”，七嘴八舌的。我和小伙儿下了车，我也偷偷举起摄像机，开始壮着胆拍摄。对于我们拍节目的人来说，最难的就是在这样人多眼杂的时候举起摄像机，我义无反顾地举了起来。可是越走越不对劲儿，是不是走错路了，我心想。因为周围卖的东西都和枪械风马牛不相及，结果服装和太阳镜也出现了。我就问小伙儿，他说：“没错，没错。”我一度怀疑他是个骗子。

进入枪械市场前，我最难忘的记忆是小伙儿把我带到了一个海报贩卖摊上，一个老人正在摊位上默默地坐着。小伙儿连忙介绍，他卖的海报就是穆罕默德·萨德尔，这个萨德尔城因他而得名。通过这些海报可见萨德尔父子在当地人们心中的崇高地位。这位贩卖海报的老人见到我这个外国人光临他的店铺非常激动，又是贴面礼，又是轻吻我的手，我也尽量配合他，这应该就是他们见到尊贵的客人最高的礼节。老人看到我的摄像机后，立刻给我展示他悬挂的萨德尔海报，让我随便拍，这一路上可不是什么都可以随便拍的。这里挂的全是萨德尔在演讲或者思考时的威武神态，非常有气质。

老人得知我要走进枪械市场非常惊讶，他凝重的神情好像是说那里这么危险去干什么。他想了一个能够帮助我的方法，我看他从他宽大的口袋里摸着什

萨德尔城里卖海报的老人

么，最后摸出一个徽章，他把背面的不干胶撕掉，然后贴在我的摄像机上，他希望如果有人看到摄像机而对我产生敌意时，萨德尔的头像也许能帮我解围，因为这个城市的人都是萨德尔的拥护者。老人又在我头上亲吻，念了一段经文，为我祝福。

尽管老人送给了我萨德尔的徽章，也只是心理上的保障，并不代表真的安全无事。就这样我直接走进了这座枪械市场。

枪械市场入口两边是贩卖枪支的摊位，什么枪都有，冲锋枪、手榴弹、AK-47、气枪，甚至还有迫击炮。感觉这里的武器可以直接发动一场战争了。我举起镜头对准老板，他们一个个都用手挡着脸，嘴上说着“no，no”，而且做着驱赶我的手势，说明这里不是谁都欢迎我啊。当然如果你有钱，又是来买枪的，他们还是非常欢迎的。我凑近这些武器，看到摊位上还有很多小东西，很多子弹密密麻麻地摆着，还有一些武器配件。就在这时天空传来一连串的枪声，像是冲锋枪的连发，声音非常大，可是周围的人非常淡定，跟没事儿似的。看来是我少见多怪了，来到这里就要入乡随俗。这个时候摩托车小伙儿的身体和我挨得很紧，他虽然是本地人，但是也略感紧张。我再一看他的手和我的手紧紧地拉着，不知道他是紧张还是怕我乱跑。这个地方到底有多危险，我想只有他们见识过。

卖枪的摊主

银行入口的保安

走到市场拐角的一处摊位时，我四处张望着，可小伙儿突然走丢了。有个围观的男子跑过来疑惑地问我："为什么要到这里来？"他似乎在警告我不走就死定了。可是我已经来到了枪械市场的深处，也不好撤退了。人们用异样的眼光死死地盯着我，可能他们太久没有看到过外国人了。对面一个摊位的老板热情地招呼我，旁边的小老板却捂着脸。伙计见了我就像见了兔子，似乎几天不开张的生意终于盼到了人。这时他赶紧拿起一个手榴弹举到我面前让我买，我肯定不需要这东西，就算买了做纪念也上不了飞机的。可是老板管不了那么多，直接把手榴弹塞到我的裤兜儿里，周围的人哈哈大笑。围观者都在看热闹，让我骑虎难下，场面一度失控。

天哪！我生平第一次被人用手榴弹"威胁"，关键是这周围的人就不怕死吗？真是亡命徒啊。可是我不敢把手榴弹取出来，因为不知道怎么取。一位陌生男子前来解围，这人把手榴弹掏了出来，然后还给了老板，让我赶紧走，我只好在闹哄哄的气氛中离开了这个并不友好的摊位。

枪械市场非常不稳定，来到这里的探险者一般看看就走，可是我想多拍些内容，于是又留了下来，想再次来到卖枪的摊位寻找点干货。我看到一把冲锋

我必须微笑地拿起枪，并且表现出只是拍照的样子，因为这些枪是不能随便举起来的

枪非常酷，我便小心地把枪举了起来。我看到老板不是很高兴的样子，于是我也不敢乱动扳机，非常小心地拿着。这个地方是有规矩的，世界上很多市场也都有规矩，比如在索马里有一个换钱的黑市，人们把大把大把的钞票放在地上，远远看去全是钱，但是又没有哪位老板小心翼翼地守着钱，因为这里的规矩是，如果谁偷了这些钱，这条街他是休想逃出去的，乱动乱摸者会被立刻斩断手指，接受无法挽回的惩罚。这个枪械市场也是，如果有人随便拿起枪，甚至随意对准人，就算开玩笑，这个人也会被周围的店主开枪击毙，绝不留后患。听到这里，您应该明白，我随随便便地端起枪，就已经引起别人的注意了，店主非常担心，他不知道我拿枪只是看看，还是要干什么。所以我拿枪的动作并不敢太威风，说话也没有那么多底气。有观众说我拍出来的画面不自然，因为此刻我只能示弱才能完成拍摄。

枪械市场我算是逛得差不多了，最终我也安全地离开了这个地方。回到住处，我依然对这次的冒险久久不能忘怀，第二天我决定再次前往枪械市场。一切准备就绪，当我来到这个市场的时候，再一次引起很多人的注意。有人跳着大喊

"看外国人，外国人"，去报告旁边的警察，就这样我很无辜地被带到了警察的岗楼。这是个非常破烂的警察岗楼，里面非常脏，可想而知，警察在外面冒着酷暑工作，回到岗楼依然要面对脏兮兮的环境。

经过反复盘问，警察还是不相信也不明白我为什么来这个枪械市场旅游，他们想知道我采购武器要用到什么地方。我万万没想到他们做了这样一个决定——把我押走。起初，我并不知道要被带去哪儿，只能笑眯眯地和他们对话，但是内心很恐惧，因为遇上警察本来就很难办。这下可好，真的遇到了，我能做的就是调动大脑好好和他们对话，争取早点被释放。嗯，释放这个词用的是不是过了，但是此刻我对自己的理解就跟犯人一样，没有任何自由。

他们打电话叫来了两位便衣，但是从外形看就知道是警察，他们对我说："跟我走，去一个地方。"当时我可被吓得不轻，怎么动不动就要被带走呢，我甚至想会不会有"手镯子"送我，就这样我便跟着他们走出枪械市场，然后上了车。在大车上便衣一直死死地压着我的手，生怕我动，我的一举一动都像是有问题。我问他你要带我去哪里，他说警察局。我觉得越来越不妙，生活中都是这样的，能解决的事情尽量早点解决不要拖延，不然很可能酿成更麻烦的事情。我想了想怎样脱身，想掏出手机，但又被他压了回去。他问我找什么，我说大使馆，他说不用，没关系。实际上在国外我也从来没有联系过大使馆。

奇怪的是，在巴基斯坦和阿富汗我都分别进过当地警察局，同时也都详细地看到了当地警察局的样子，所以我非常担心。我记得巴基斯坦卡拉奇警察局里，一边是审问室，一边有一个犯罪嫌疑人被绑在一根铁管上，活动范围只有 1 米，喝水上厕所都成问题，感觉绑得太久了，犯罪嫌疑人的眼神都麻木了。阿富汗的警察局是一个四合院，每个方向的房子里都是不同的人在办案，里面的警察长官非常牛，别人问他话他都不回答，甚至头抬得很高，但是房间里的案件也并没得到解决，乱成一团。也正因为他们不理不睬，我的问题最后也不了了之。不知道伊拉克的警察局又是什么样呢？但是这一次与前两次肯定不会相同，至少警员的行为显得更专业和正规。

车停稳后我下了车，没想到伊拉克的警察局是很干净的一座小楼，我毕竟不是来游览的，也不敢多看什么，但是依然记得，楼里的墙面上都是对恐怖组织以及安全问题的各种宣传和警示。看来一个地方越是需要注意什么就会警示什么。

警察局的合影

警察一脸严肃地把我押到了二楼，推开门，一间 15 平方米的办公室里摆着一张办公桌，座位上坐着一位警察长，他示意我坐在沙发上，于是我坐了下来，其他两位便衣也坐在旁边的沙发上。警察长看着我的护照问我来做什么，我说我是来旅游的，他又问为什么选择枪械市场，我说因为我想买些吃的，我的酒店没有吃的东西……我怕解释的太复杂更会让他们误会。能感觉到整个警署很有文化气息，墙上有总统的画像，有城市地图，还有书架、资料架。另外两位便衣也在一边默默地注视着我，在观察我想什么。

警察长沉稳地又问：“你来干什么？”我说：“我是来旅游的。”他又问我：“你不知道这里很危险吗？”我说：“这里有什么危险的呢？”他夸张地说：“不，很危险。”另外一位警察赶紧起身对我说：“你没有看电视吗？全是‘嘣’！”他用了一个象声词，意思是这里全是爆炸。我说：“没有，我真的不知道。”……就这样我被审问了很长时间，最终他们还是把我放走了。

离开的时候这些警察也觉得警报解除了，于是露出了毫无戒备的微笑，这种微笑就像是老朋友在和我打招呼。最后他们追上我，提出要与我合影。其实他们和普通民众也是一样的，这里一波战乱未平一波战乱又起，太久没有见过外国人了，我们就像远方飞来的鸽子一样稀罕。

一轮夕阳散发着橙色的迷人光芒，渐渐地落到底格里斯河下，古巴比伦、亚述、乌尔、萨珊等王朝，从这里崛起又消失。伊拉克就如同一位老者讲述着古巴比伦的经历，筋疲力尽但是又意味深长。如果有时间机器，我愿意回到公元前，去触摸那些楔形文字，去接触两河流域的人民。

关于我在伊拉克的经历其实还有很多，但是观众总是问我你到底怕不怕死，我觉得有两种人不怕死：一种是知道死后会去哪里，一种是知道活着为了什么。

United Kingdom
英国
Lei' Adventures
the Lost Mystery Place

苏格兰玛丽金街墙壁里的鬼魂

很早以前我就听说在世界上最恐怖的地带之中有一个名叫玛丽金街的地方，被俄罗斯的《真理报》评选为世界上恐怖地带之一。雷探长也去了很多危险恐怖的地带，在第一本书《冒险雷探长：秘境诅咒》中详细描写了日本青木原树海自杀者的树林，还有墨西哥鬼娃娃岛等公认的恐怖地带。到危险恐怖地区探险是我自始至终的选择，至今仍然在继续。

经过调查，玛丽金街位于苏格兰爱丁堡中世纪的老城中。想要走进玛丽金街，就要先了解这段欧洲黑死病的历史。17 世纪，病毒肆虐，整个欧洲流行起了黑死病。黑死病就是鼠疫，由于老鼠的传播，让很多无辜百姓受到传染，这种病在当时无药可救，或许千分之一的人会因为自身免疫系统可以好转，但是大部分人只能躺着等死，这也让这种病在欧洲成为魔鬼的代名词。我是在中国春节期间赶到玛丽金街的，作为探长总是不分时间段地调查真相。

玛丽金街就像整个爱丁堡一样是一个谜，虽然被评选为世界恐怖地带，然而针对它的相关报道却非常的少。带着疑问我也对爱丁堡这座城市探访了一番。

爱丁堡可是英国的文化名城，位于苏格兰中部低地的福斯湾南岸，面积 260 平方公里，于 1329 年建立。爱丁堡城堡是苏格兰的象征，建立在死火山花岗岩顶上。这座爱丁古堡在历史上是苏格兰和英格兰的争夺之地。城堡底下的古老监狱，也关押过很多英法荷战争中的俘虏。传说历史上的英国贵族囚犯，他们的冤魂在里面至今都不得安宁。整个爱丁堡还是一座著名的鬼城。了解英伦历史的人都知道，英国诞生过很多鬼节，著名的万圣节就源自约克，后来成了全世界的化装狂欢节。也许是受这种幽灵文化的影响，《哈利·波特》这本书就诞生于此。可见爱丁堡的魔力相当了得。

我走在爱丁堡的主要街道——皇家英里大道上，开始寻找传说中的玛丽金街。这条古色古香的街道很容易把我带到中古世界中，虽然至今建筑没有什么变化。这条街道西起爱丁古堡，东至霍里路德宫，实际上也是通向爱丁堡的制高点。中世纪人们在山下眺望爱丁古堡，同时每天也会从山下沿着各条山间小路前往一个中心建筑——圣贾尔斯大教堂。这座教堂始建于1120年，它的外观非常容易辨识，由于是苏格兰的国家教堂，所以屋顶做成了一顶王冠的造型。我要说的不是这座教堂的厉害之处，而是人们每天就是通过各种山上小路去圣贾尔斯大教堂做礼拜，也就是说在这座小山上排列着稀稀疏疏的上山小道儿。这些小道儿虽然是路，但由于两边有居民居住，也就成了小巷或者小街，我们要寻找的主角玛丽金街就在其中。

我走访了各式各样的上山小道儿，它们都有一个奇怪的名字叫“Close”小巷。如果你是夜晚到这些小巷，这里的氛围超级诡异。每隔50米就会有一个昏暗的路灯，这些路灯也故意设计成中世纪的黑色灯罩模样。据说，《福尔摩斯》的作者阿瑟·柯南·道尔和《哈利·波特》的作者J. K. 罗琳都曾经在这里行走并触发了灵感。

传说，当年黑死病暴发后，鼠疫迅速从中欧传到苏格兰大陆，在玛丽金街

玛丽金街小巷入口

小巷中有 600 人感染。由于没有解药，很多健康的人生怕自己也被传染，于是政府下令把感染者和小巷里的 600 人隔离。他们被锁在屋子里，每天只能像犯人一样，从窗户外面获取食物、饮料和煤炭。可想而知，这里是一个排泄和生活混为一谈的地狱般的地方。最终小巷内的所有人，无论是感染的还是没被感染的全都被活活地闷死了。此后，人们也不再关注这条巷，它被永远封堵了。可自那以后，玛丽金街小巷外的人常能看到鬼魂浮现在墙壁上，吓得走夜路的人们都加快脚步。几个世纪来，玛丽金街流传的第一大传闻就是这条街道的墙壁上会有鬼魂痛苦哀号的身影。

当我走在玛丽金街小巷隔壁的街道，感觉这里的气氛的确很不同。首先，晚 9 点后走这条夜路的人很少很少，几乎没有。其次，每走一步，感觉都有人跟着，让我不时地向后张望，看看是不是真的有人跟踪我。有人认为这些都是幻觉或者不可信的传闻，但是欧洲的文化和我们毕竟有所不同，英国实行土葬，附近不远处会有很多墓地。尤其有百年历史的灰衣修士墓地，当你走在其中，脚下踩着的可都是真正睡在地下的人。当你知道得越多，其实无论对这些传闻还是对这里的风俗都会充满联想和敬畏。我就是这么一个人，我也特别不想去和别人争论风俗和传说的关系。

既然是去探索玛丽金街小巷，那么我就做好了潜入小巷的准备。从外观看，玛丽金街小巷夜晚只有招牌在，却没有任何大门通向内部，也就是说夜晚是关闭状态的。不过庆幸的是，这条小巷在 2003 年重新对外开放了，尘封那么久，真不知道里面还有没有鼠疫的残留。

第二天，我做了充分的准备也做了预约，准备前往这个世界级的恐怖地带。

这里的看门人再三告诉我，不能大声说话或拍照，不然会有意想不到的可怕后果，我认为这一定是他们在故弄玄虚搞神秘。还没调整好气息，我便跟随向导走进了这条神秘的小巷。首先我走进这条小巷的大门，之前进来的原来并非小巷之门，而是封锁小巷一道围墙的大门。还没走进去，一股 300 多年前的阴风扑面而来。这真的不是吹牛，这个小巷下面可是没有排气孔的。这和我在埃及金字塔的遭遇是一样的，金字塔里 7000 年的地板如果随便一跺脚，可能扬起的不只是灰尘，还有致命的有害菌，于是也有一种说法，金字塔内部的诅咒有可能来自这种有害的病毒。

夜晚的玛丽金街小巷

就在这时，我被眼前的一幕惊呆了，进门的入口其实也是玛丽金街的二楼，我可以俯瞰到整个玛丽金街小巷的路面，以及两边居民悬挂的床单衣服。就因为这样才平添了一份古老的生活气息和阴森的感觉，似乎那些古时候的居民还在这里生活着。走在里面的人大气都不敢出，一方面，黑死病的危害在欧洲可是鼎鼎大名，有人会担心是不是那些摆设和墙壁依然还携带着黑死病的病菌；另一方面，这里真是死气沉沉，游人真的害怕会打扰了逝者的幽魂。

这个小巷虽然小，但是两侧居民所居住的房间可不小。这些房间充分体现了古代人的建筑智慧，虽然建在山坡上，但是房屋的地面非常平稳和整洁。由于年代久远，这些房屋有些发黑，感觉这些房间更像古墓。

走着走着我就和向导走散了，我独自走在一个个空旷的房间里。这些房间都是拱形的大门，这样的设计完全是依据石头的承重原理而设计。里面的灯光微弱，仿佛墙壁上真的有鬼影，恍恍惚惚的。突然一只手从后面拍了我一下，原来是一个当地的看门人，看门人还穿着中世纪的道具衣服，这可吓了我一跳，我以为他是过来纠正我不要乱走和乱说话的。他叫我跟着他，我就跟他鬼鬼祟祟地来到一排木门前。这排木门非常古老，甚至有些腐朽，里面不知道埋藏着什么秘

苏格兰王室的服饰

风笛手的服饰

密。推开门，里面是一个巨大的马棚。没想到，在这个地下居民区里，人们自己都活得透不过气，居然还养马。看门人说，当时感染的人太多了，很多人就被关在这漆黑的马棚里等死，这里的墙上也到处是刻字和抓痕，听得我更加毛骨悚然。在马棚的隔壁，有两张床，是当年患黑死病的病人躺卧的地方。这种病人在晚期会全身发红色的密集的大水痘，不但看着吓人，更是没人敢去靠近触摸，后来人们据此认为是妖魔在作怪。

在西方，人们相信乌鸦是可以辟邪的。当时人们就做了一种乌鸦头形状的面罩，让教会的医生戴在头上。一方面神职人员本身就是尽神的义务来帮助受苦的人们，另一方面乌鸦头面罩也许真的可以吓走恶魔。就这样乌鸦头医生成了当时唯一敢接近黑死病患者的人。

欧洲的黑死病夺去了大约5000万人的生命，成为世界公认的人类灾难历史。但是对于玛丽金街小巷，这里还流传着一个更加诡异的传闻。

1645年，在玛丽金街小巷住着一家人，这家人的孩子是一个名叫安妮的小女孩。黑死病暴发后，安妮也感染了黑死病。安妮的家人也意识到这个孩子可能会连累到自己，于是在集体大撤退中，安妮的家人将安妮留在了家中，虽然每天还能在窗口看看自己的女儿，但是随着病情的恶化，最终安妮被完全封堵在家中。最后几天人们能听到安妮在黑暗的屋里哭泣、号叫，甚至击打墙面，直到最后了无声息。

几个世纪过去了，有一次一个清洁工在安妮的房间里打扫，她看到一个小女孩就站在壁炉里看着她。之后很多人都曾看到一个小女孩在屋子的某个墙角看着他们，甚至向人们索要东西。于是来安妮房间的人都会带着一件布娃娃或者礼物送给安妮。

我来到安妮的房间可不是有人带领的，而是自己歪打正着进去的。对于总喜欢掉队的雷探长，我是一个人在玛丽金街小巷里乱晃。就在拐角处，我走进了一间很奇怪的房间，这间房间低于地面，周围的墙看似墙又不像是墙，一看就是被填补和打开过。这间房间的内部完全用脚手架支撑，天花板已经塌陷，我真的害怕来个什么动静或者是小地震，整个房间就塌了，就彻底成了活死人墓。房间里面的墙面就像被烧过，感觉黑乎乎的。据说当时黑死病流行时，为了杀菌，人们也会用火在病人周围熏，莫非这黑色就是当时烟熏的结果吗？

传说中的布娃娃真的是玛丽金街小巷之行的重头戏。这些娃娃就在房间的最里头，很多各式各样的娃娃堆放在这里，能够感觉到人们对于安妮的怜悯之情。因为娃娃太多，也让这个故事显得格外真实。整个屋子非常安静，也许是在地下的原因，不会有人来打扰这间房间。我小心翼翼地走上前，观看着寂静中的“娃娃山”，这些娃娃可是和墨西哥鬼娃娃岛的娃娃不同，感觉它们都静静地看着我。

按照习俗我也应该带来一件布娃娃，我发现我什么都做足了准备，唯有这个忘了。于是我灵机一动，心想中国结应该可以，于是赶紧从包里拿出中国结，放进了这堆娃娃里。我大气不敢出，环视整个房间，没想到里面还有一间房子，这间房间的大门一看就是被石块封堵后又打开的。我继续悄悄地往屋里走，房间里有一个壁炉，让人震惊的是，壁炉里堆的娃娃是第一间屋子的三倍多，我从没有见过这种场景。有人估计要质问我，这有什么可怕的！但是你难道没有发现，这么多的娃娃不是更加证明了这个故事的真实性吗？人们对于小女孩安妮的鬼魂深信不疑，这么多的娃娃还是让我感到不安，于是我离开了这间屋子。

离开了没多久，我发现我居然忘了拍摄，于是又马上掉头，赶回来拍摄这间房间。当我走进堆满娃娃的大房间时，发现我摆放的中国结居然被丢在地上。不可能是滑下来的，我心想。我再次把中国结放了上去。“难道安妮不喜欢这个礼物吗？”我对整个娃娃堆进行了拍摄，没想到更可怕的事情发生了，拍摄的所有照片居然都是重影或者模糊的，这里似乎有什么力量不允许我拍照。我想起了看门人对我说过的话，不要在这里大声说话或拍照，不然会有严重的后果。我既然来到了这里就应该留下珍贵的资料才行啊，于是我心里默念，如果安妮有灵希望可以宽恕我的一切不敬。就在我准备拍照时，我发现三脚架不知道放到了哪里，不翼而飞，这成了我此次苏格兰之行的损失。

玛丽金街小巷真的是世界上最诡异的建筑。世界上太多的鬼屋都是人造的，唯独玛丽金街是被尘封的历史建筑，是通往中世纪的大门。身在其中真的能感受到我与世隔绝，也能感受到这些死者的痛苦。庆幸我最终走出了这黑暗阴森的玛丽金街小巷，看到了人们不曾了解的小巷内部结构。

以前人们常说不要靠近这些阴气重的地方，我认为“阴气”本身就是迷信，世上没有什么可害怕的。人最重要的就是正直，那么就什么都能解决。既然丢了

到访者送给安妮的娃娃

东西，我就无心拍摄，准备在旅馆住几天。没想到夜里一躺下，总能听到隔壁家里的孩子哇哇乱哭，闹得我睡不着，深夜了也在哭。虽然家里人也会去哄，但是刚安静下来没多久又开始哭，哭得那叫惨烈，很是让人生气。就这样，我忍了几个晚上。直到今天我写这本书时，脑海里还是那个孩子的哭声，久久不能抹掉。

伦敦开膛手杰克挥刀白教堂

在大英帝国的维多利亚时代，治安混乱，杀人案频发，凶手总是对无辜女性下手，作案现场惨不忍睹，一时间当地女性被吓得都不敢出门。有些案件扑朔迷离，直到现在还没有找到真正的凶手。各种侦探小说也因此而生。此次我来到英国伦敦，只身前往这些案发现场，拜访传闻中福尔摩斯的住所，以及寻找开膛手杰克未解悬案的蛛丝马迹。

从小就知道福尔摩斯这个人物，我不是搞刑侦的，不过现代刑侦的工作就是从这个人物开始的吧。他是一位众所周知的著名侦探，通过福尔摩斯推理揭开谜团，不但让人们对刑侦学产生了浓厚兴趣，还对英国的社会文化有了深入了解。福尔摩斯一米八的个头，灰色的眼睛，大背头，棱角分明钻石脸，还有一双让女生人见人爱的大长腿。他喜欢一个人静静地思考，拉小提琴，听音乐会，然后就是拿着烟斗和手杖在伦敦角落里到处闲逛。

这么一个完美的人物很可惜并不是现实中存在的，而是一个小说人物，是由阿瑟·柯南·道尔塑造的人物。柯南·道尔与阿加莎·克里斯蒂，以及日本的松本清张被称为世界三大推理文学宗师。

这位虚构的人物住在贝克街221B。当我赶往这个地方的时候，天空下起了鹅毛大雪，按照中国式的理解这是为窦娥下的雪，定有冤情。这个贝克街的住所虽然是虚构的家，但是由于小说和人物的知名度太高了，全世界的福尔摩斯迷都相信这就是福尔摩斯的家。我一路打听，顺藤摸瓜地寻找，终于找到了这里。

从远处看，这套房子有着浓郁的维多利亚时代风格。这个时代的建筑特点是，居民楼使用红砖或者青砖，窗户多，相对比较瘦长而小，尽管是楼房，屋顶都有烟囱。我们现在所流行的楼房很多也是仿造维多利亚时代的建筑而造的。这

福尔摩斯的住所贝克街 221B

所建筑门口的警察也还原成维多利亚时代的样子，似乎在守卫着福尔摩斯先生的安全。警察见了我，向我致敬。我问他是不是每天都守在这里，他说是的，并且说："只要是夏洛特先生的朋友，我都会把他请进来。"

顺着狭小的楼梯往上走到 221B，这里保存了大量书中描写的福尔摩斯使用过的物品、书房、厕所，而且细节非常精致。厕所的马桶还是抽水式的，使用荷兰陶瓷打造。他的皮鞋也和他本人的风格一模一样，都是放在地上。感觉用人们天天都把这个家收拾得非常利索。客厅里昏暗的灯光，让人仿佛置身于悬疑小说当中，这座建筑本来是一个出租屋，1881~1904 年福尔摩斯刚好生活在这里，所以这里的布置和小说完全一样，后来这座建筑被英国女王封为英国的国宝。

福尔摩斯虽然是神探，毕竟是文学人物。可是为什么会出现这么一个人物，并且大受关注，就是因为在 19 世纪初，英国伦敦出现了大量凶杀和悬疑案件，扑朔迷离，匪夷所思。人们渴望知道真相，还世间公正。所以侦探和悬疑小说才应运而生。在真实案件中有一位令人闻风丧胆的杀人凶手，他常于凌晨在幽静的小巷子里，杀害并直接将那些妓女肢解。第一刀划过咽喉，让其大量出血无法呼救。第二刀活生生地抛开她的身体，割下她的肾脏和乳房，甚至用刀捅孕妇肚子里的孩子，趁她还没死割下鼻子和耳朵，挖出眼睛。为了让更多人知道他的凶残本性，他甚至把杀人预告和被割下的肾脏一起寄到警局，把来自地狱的恐怖弥漫到整个城市，他杀人数量之多、手段之残忍绝无仅有。他几乎没有留下蛛丝马迹，使得追捕他异常困难。时间早已过去，他留给人们的深刻记忆还在城市里游荡。人们从来没有见过凶手长什么样，于是给他起了一个代号叫“开膛手杰克”。这个案件发生于 1888 年，距今已经 130 多年了，但是杀人者一直没有被抓到，这个故事也成为刑侦学的典型案例。

讲到这里，可能很多人也知道这个故事的背景，但似乎很少有人到案发现场去看一看，作为旅行侦探的雷探长又怎么会放过呢？我也要到这里来做一番调查才行。这个案件的发生地是伦敦东区的白教堂附近，雷探长第一站就选择在半夜时分到白教堂。

这一次我在东区订了一间民宿，为了更方便地调查这个发生过血案的地方。我住的民宿房东是本地人，但是他从不出面，只是电话和我联系，居然把钥匙放到一个隐秘的花丛里让我去找。看看，英国人还真是天生的刑侦学高手呢，做事的逻辑就跟破案似的。我一个人住在这间大房子里，总有一种要被谋杀的感觉，一个人洗澡感觉喷头里会喷出血，客厅里总感觉有人走来走去，睡觉的时候感觉窗帘后面有双眼睛在盯着我……

传说中的白教堂

我去过伦敦的很多地方，它的西区是一派繁华的景象。在泰晤士河边，能够看到那些地标建筑耸立两岸。大笨钟矗立在威斯敏斯特宫北端，英国的议会也坐落于此，但是这口钟现在正在维修，大约需要四年的时间，直到2021年才能修完。我提起这口钟，是因为100年前的伦敦都是靠这口钟报时的。有人认为自1859年大笨钟开始工作后，伦敦的杀人案逐年增加，主要原因就是变态狂终于知道了时间，历史上杀人犯也是根据这口钟的时间开始行动的。

这次我一个人徒步走到了东区的白教堂附近，这个区域其实对于旅行者来说非常的小众，因为伦敦的美景都在西边和泰晤士河两岸。可能有人认为白教堂只是这个区的名字，但是这里真的有一座白色的教堂。这座教堂有着一个高高的尖顶，虽然并不大，但是代表着维多利亚时代最普遍的建筑。如果说西边的威斯敏斯特教堂是天主教的著名代表，那么东边的白教堂可能更是因为下面这起事件而众人皆知。

1888年8月7日到11月9日，6名受害者中5名妓女就在这附近被残忍杀害，伴随着伦敦几代人的恐惧，这个事件成为伦敦的都市传说。今晚我就顺着杰克杀人的路线来好好探索一番。

第一起谋杀：
案发时间：1888年8月7日凌晨
案发地点：白教堂附近的一条暗巷
被害人：玛莎·塔布兰
年龄：中年（不详）
性别：女

我来到白教堂小巷子最密集的地方，这里寒风阵阵，可以想象当年的伦敦也没多少人敢独自这么走。曾经有一位叫玛莎·塔布兰的妓女就惨死在这里。当时她中了39刀，有9刀是划过咽喉的，可见她的死状有多惨。当时伦敦东区是东欧甚至是俄罗斯人移民集聚的一个城市，还有妓女、混混。英国不觉得一位妓女死了有什么了不起的，但是过了几天更可怕的事情发生了。

第二起谋杀：
案发时间：1888 年 8 月 31 日凌晨 3 点 45 分
案发地点：白教堂附近的囤货区
被害人：玛莉・安・尼古拉斯
年龄：43 岁
性别：女

囤货区是放物资的地方，我看到这里有很多印度和巴基斯坦人开的饭馆，于是选了一家巴基斯坦餐厅走了进去。老板是从拉合尔来的，但是早已经和巴基斯坦本地人完全不一样了。因为印度和巴基斯坦本地人说话时习惯摇头晃脑和指手画脚，而他已经融入了西方文化，他的举止更像个英国管家。要问这里为什么这么多印度和巴基斯坦人，这和印度的历史有关，毕竟英国曾经统治过印度，英国对印度和巴基斯坦一直敞开着大门。现在伦敦市长萨迪克・汗就是巴基斯坦后裔，也是伦敦历史上第一个穆斯林市长，是不是很奇特呢。

言归正传，8 月 31 日，被杀的这名妓女名叫玛莉・安・尼古拉斯，死时只

被害妓女的家和她穿过的鞋

有 43 岁，可怕的是她的脸被殴打成瘀青色，牙齿也脱落了，脸上被划了两刀。最惨的是她的肚子被剖开，肠子流了出来之后还不算，腹中的婴儿也被戳死了。可见她的死状比第一个还要惨。“开膛手杰克”这个代号也是因为这个惨案后人们才赋予他的。人们太震惊了，居然开膛剖腹。

第三起谋杀：
案发时间：1888 年 9 月 8 日凌晨 5 点
案发地点：汉伯宁街 29 号公寓后方的篱笆里
被害人：安妮·查普曼
年龄：47 岁
性别：女

我根据线索往伦敦的汉伯宁街走，这条街是典型的维多利亚风格，两边的楼房都是砖块砌成。在黄色的路灯下，这条街显得格外孤独。130 多年过去了，这里依然不繁华，连个行人都没有。

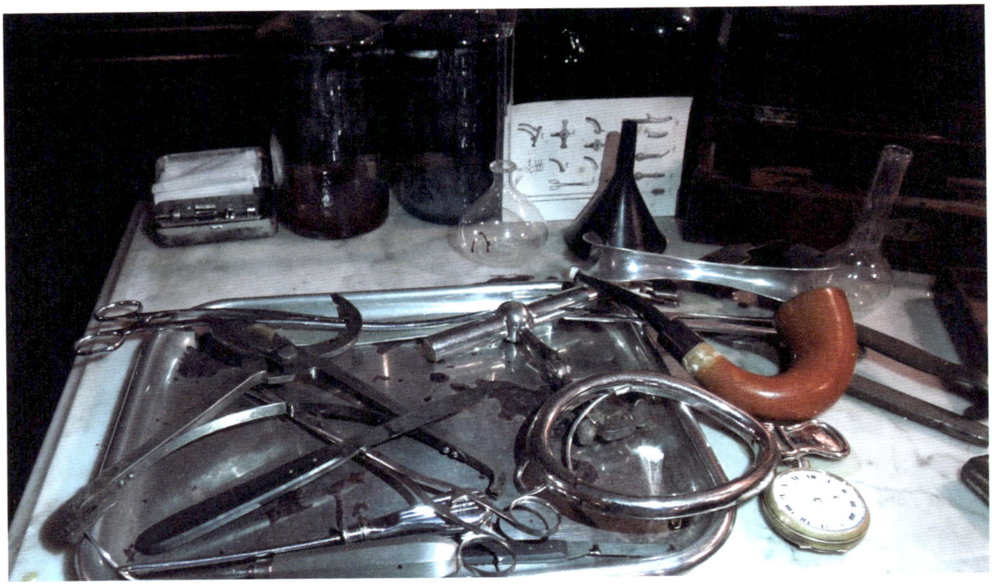

解剖的工具

为了更详细地了解这个杀人犯的背景，我来到了附近的开膛手杰克博物馆，当我看到桌子上摆放的医用剪刀、扳手、大钳子……奇怪为什么这么多医学用的东西呢？这是因为人们认为这个杰克不是一般人，可能是一位懂得医学和解剖学的医生。他的刀法非常熟练，他知道人的器官都在哪里。在他的书房桌子上摆放着几本医用解剖的书籍，尤其是对于心脏解剖有详细的描述。墙上挂着一张女性后背的解剖图，似乎在暗示着某一起凶杀。

当时在 29 号公寓，有一位老车夫在家后方的篱笆里发现一具女尸，她就是 47 岁的安妮・查普曼。她的死状跟前面几起有些相似，都是被沿后背剖开。安妮肚子里面的肠子被掏了出来，并且甩在受害者的左肩上，还有一个特征就是子宫的很多部分被夺走。这个凶手好像是对女性很痛恨。

这间老房子作为开膛手杰克的博物馆，还真的提供了不少当年的老照片。与此同时，警察也罗列了很多嫌疑人，甚至伊丽莎白女王身边的某些贵族也都被列入犯罪嫌疑人之列。

第四起谋杀：
案发时间：1888 年 9 月 30 日凌晨 1 点 45 分
案发地点：主教广场附近
被害人：凯萨琳・艾道斯
年龄：46 岁
性别：女

我来到曾经的主教广场，这个地方是指主教教堂前的广场，这里曾经是大主教工作的地方。夜间广场上依然能看到很多为生活奔波的人在这一带活动，有清洁工，还有守夜的警察。当年被杀的妓女很有可能到这里做晚祷，由于信仰天主教，欧洲女人对教堂非常敬畏。

这个在凌晨 1 点 45 分被害的妓女叫凯萨琳・艾道斯，46 岁。其子宫和肾脏也被夺走。警方发现在这面墙上还有一段书写的文字，大意就是说犹太民族不是被轻易仇视的。当时警察怕事情闹大就把这段文字给擦掉了，非常可惜。当时又没有拍照工具，这段文字后来也被以讹传讹，最终它是什么含义也不得而知。

走在这条街道上我遇到一名女子，她过来问我借火吸烟。我说我没有火柴，然后我们攀谈了起来。我问："你是伦敦人吗？"她说："是的。"不过我却听到一点儿俄语的口音，她整个人也没有英国人的气质。还没问两句，我感觉到哪里不对劲儿，大晚上一个东欧风格的美女在街道上问我借火，这是在和我搭讪吗！其实在国外见过的美女太多了，这里也不是练习英语的地方，可是这名女子问了我很多问题，工作、家庭、相机价格，每一个问题我都不耐烦地回答了她。说着说着，这名女子开始把手放到我的肩上，说要和我合影，借机和我靠近。这里我也要提醒各位读者，在国外除了男性骗子，女性骗子也有很多，她们要么和男人一起作案，狼狈为奸；要么亲自上阵，去伤害单纯的男青年。

我相信直觉，在这个杀人犯曾经光顾的地方，我挣脱了这个古怪的女子，迅速地离开了这里。

第五起谋杀：
案发时间：1888年9月30日凌晨
案发地点：白教堂附近的马车夫家
被害人：伊丽莎白·史泰德
年龄：44岁
性别：女

为了能更近距离调查，雷探长前往当年开膛手杰克作案的地方探访。这条街道非常有名，就是其中一位妓女被害的地方。在1888年9月30日凌晨，44岁的瑞典裔妓女伊丽莎白·史泰德还在街头徘徊着寻找下一单生意，突然在小巷的一边有一个黑影示意她过去，她跟着黑影走到了小巷的深处，趁着月光她发现那个黑影似乎蒙着脸看不清相貌。就当她想仔细地看一下黑影到底是什么模样时，突然黑影的手中好像多了一把细细的东西并朝她划了过来。伊丽莎白觉得一阵剧痛，紧接着一股浓重的腥味从喉咙里涌了上来，大量的红色液体从她的喉间喷射而出。她痛苦地倒在地上抽搐着，同时能听到那个黑影粗重的呼吸声。她渐渐失去知觉，最终因失血过多而死。

发生谋杀的地方现在依然保留着一条恐怖的隧道，当年很多妓女就是在桥下

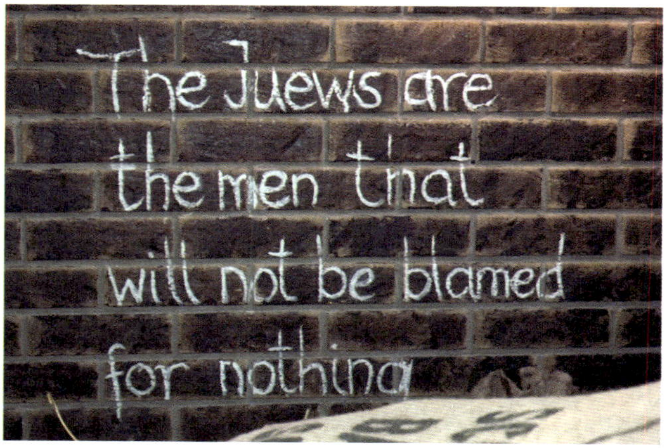

杀人后留下的话

当时的海报

招揽生意，向行人撩开裙子，踢着大腿。你听到这里是不是觉得非常老土，其实如今欧洲的妓女依然是这套动作，虽然伦敦街头不可能再看到这些明目张胆的妓女，但是在阿姆斯特丹，除了红灯区，那里的妓女 100 年来基本没变过，简直就是欧洲妓女的活化石。只要有男人从她们身边走过，撩裙子，踢大腿，使出十八般武艺。

阿姆斯特丹的红灯区那就更热闹了。在这个国家，大麻、妓女还有性都是合法的，但是并不是说那里混乱无序，而是要做就做到最“专业”。女郎们在橱窗内向客人表演各种绝技，本身就是一场秀，充满艺术性。但是也不是你想象的那样都是当地女子，更多的都是来自东欧的，比如俄罗斯、乌克兰。东欧的女子来到西欧打工，大多在歌舞行业做。巴黎的红磨坊歌舞厅或者疯马秀俱乐部你看到的身材最好的演员也基本都是东欧的女孩，她们修长的身材和美丽的脸蛋都是这里的招牌。

我来到当年妓女走过的这条隧道。任何一个女子从这个隧道里走，我估计都会有危险。我走在这里感觉身后似乎有人跟着，于是我把手电打开，一步步往前走。我看着监视器，突然镜头里出现一个人影。他大叫着问我干什么的。我一不留神踢到了地上的障碍物，狠狠地摔了一跤，摄影灯也掉在地上。这次是我独自拍摄，虽然危险，但是危险不算什么，那些被害的女子在我脑海里挥之不去。在开膛手杰克曾经的杀人现场，雷探长的内心除了对凶手的战栗，还有对那些凄凉死者的同情。

我再次来到开膛手杰克的博物馆，这里是那些死去妓女最后停留的地方。一间停尸房，墙壁上有六个停尸的抽屉。中间放着解剖和清洗尸体的验尸床，周围全是被害者的相片和画像。我一直在思考，到底是什么原因让一个杀人犯下如此重的手，而且要挖走内脏呢。我认为一定是妓女的某一方面让杀人犯非常厌恶。

虽然有很多推理专家对开膛手杰克的真实身份展开猜想，但是我始终认为，他可能仅仅需要人体内脏，需要一个人体能够完成他对尸体解剖的试验。也许是

死者的头发

停尸柜

杰克写过血书的书桌

验尸床

个医生，或者是一个医学生。由于他正在做一项医学研究，但是难以找到人体标本，所以从最底层的妓女下手。破坏妓女的面部也是不希望死者被认出。如果更加大胆地猜想，也可能这个杀手是一名女性，男人多少对女性还是敬畏的，尤其在传统的欧洲，男性还保持着绅士风度。女性凶手也好解释，女人最了解女人，更容易接近女人，可以达到快、准、狠的地步。

无论怎样，对开膛手杰克的认识都只是猜想，目前所有的研究成果都无法查证他或她是谁。杀人犯曾经给警察局寄过信，信上的署名是“来自地狱”。只能说这个世界恶生成的恶，比恶本身更可怕。

France

法国

Lei'Adventures

the Lost Mystery Place

圣心堂下的罪孽

法国，一直被誉为世界上最浪漫的国家，似乎这里的每一座城市都在上演一段特殊的爱情故事。从另一个角度分析，浪漫是从人的性情里产生的，有文化的人自然能编织出浪漫。如果说冒险也是一种浪漫的话，我非常赞同，富有传奇般的冒险故事就是对浪漫这个词最完美的解释。

1870 年，普法战争爆发，战争残酷激烈，普鲁士军队攻入法国境内，将巴黎包围四个月之久。围城期间，巴黎市民依靠仅有的粮食度日，直到战争结束。当地富商花高价进口伦敦白石，在蒙马特高地上兴建了一座洁白的教堂，并命名为“圣心堂”，意在感谢耶稣。后来，这座教堂就成为巴黎第 18 区的中心建筑。

这个圣心堂就是我要探索的目的地，也许有人认为这么个教堂有什么可探索的。其实大家有所不知，这个教堂周围可是世界上最不安全的地方。还没有来的时候我就听说，在附近的地铁里，一名中国女研究生的笔记本被非洲移民给抢了，里面的论文、资料等研究成果都丢了，真的是跪求痛哭也无济于事。

18 区是外来移民最多的一个区，所以乱。法国人不喜欢 18 区。他们也非常不喜欢一个数字 13，因为耶稣最后的晚餐一共有 13 个人，于是西方人认为这是个不吉利的数字。他们在规划城市时，就把来法的华人安置在了 13 区。可是没想到，华人却在 13 区如鱼得水，生意做得红红火火。据说 13 区刚好就是塞纳河的入口，地势也高。按照中国的风水讲，这里就是“上风上水”的好地方。上风之地是风能先吹到的地方，前面没有山脉或者建筑或者大树阻挡。上水之地指的是地势较高的地方，水不容易淹到。上风上水之地就是指那些开阔并地势较高的地方。

18 区既然有圣心大教堂，为什么还这么不安全呢？我走在教堂附近的街道上，低价贩卖衣服的摊位随处可见，商贩与一些过往的行人在讨价还价。我沿着街道向圣心堂走去，突然一个中年男性闯进我的视线，拦住我的去路，并且询问我可否给他一些钱，不管多少都可以。我向他表示自己没有钱可以给他，便直奔圣心堂而去。越靠近教堂，路边下赌注的人越多。我凑过去看了一下，便被其中一个人拉住，他告诉我说他觉得我肯定能赢钱。看我没有反应，便要替我垫钱下注，一边说一边把钱往我手里塞。因为我确实不想参与，就拒绝了他。

圣心堂周围是一片草坪，台阶路从草坪中间穿过，一直通向教堂。台阶和草坪上都坐着很多来此观光的游客。就在我向上走的时候，一个黑人手里拿着彩色的线绳向我走来，一边询问我从哪里来，一边把彩绳系在我手上。我明确表示自己不需要，可是这个人有点强迫的意思，把我的手指都快掰折了。同时，几个黑人走过来帮腔，试图让我买他们的东西。其中一个人发现我正在暗中拍摄，加上我反复强调不需要他们卖的东西，他们便不再纠缠我。我发现，他们往往是集体行动，分工明确，有负责销售的，有负责帮腔的，有站岗放哨的。我认为他们从事的毕竟不是正规的销售，之所以这样做可能是害怕被警察发现或抓捕。

刚才给我绑线绳的都是来自非洲的移民，没有文化也找不到工作，就在圣心堂附近敲诈勒索。一旦成功，游客的钱包可能就不保了，会被索要 20 欧元，甚至 50 欧元，如果不给，就很难脱身。但是也有人会给，比如情侣、老人。情侣是要面子，不花钱显得男方不大方。老人则是因为胳膊拧不过大腿，总不能和他们打起来吧。这个圣心堂虽然是保佑人们的地方，可在它的旁边却每天上演着很多罪恶。

不过我要解释一下，拍摄圣心堂是我一个人的想法，所以我也是一个人前往，当然也不会拖累任何人。有人评论说我在圣心堂这么危险，没有人保护早就死了，肯定有团队的。其实说真的，有人保护我当然高兴，不过这世界上有很多真实的场景只能一个人上去拍，才能反映真实的现场。这一集也是我亲自剪辑的，我真正的是一名自由记者了。

在教堂的小广场上也有许多摆摊的小商贩，我发现一个有意思的现象，这些人把摊位摆得很整齐，都在一条线上，就像商量好的一样。这里人很多，治安却不太好，我就目睹了好几起打架斗殴，他们因为利益大打出手，甚至蛮不讲理，这和此处鱼龙混杂有很大关系。因此你会看到荷枪实弹的警察在周围巡逻。很多推销啤酒的人，手里拎着整箱的啤酒向游客推销售卖，本来不想买的我也买了一瓶，然后坐在台阶上一边喝酒一边欣赏流浪歌手的歌曲或是杂耍表演。

教堂门口的阶梯上坐着许多年轻的女性，我走过去跟她们打招呼，和她们聊天。这些姑娘面对摄像机都表现出很兴奋的样子。在教堂外边的一个建筑上贴着一张寻人启事，失踪者是一位妙龄女孩。就我个人在巴黎的经历来说，这里到处可以看到类似的寻人启事，很多失踪者是美女。由此可见，美女是巴黎的一张名片，同时在这里也有一定的危险性。我买票进入教堂内部，爬到顶层眺望四周，不能不说这里的视角真的不错，巴黎市区一览无余。其中埃菲尔铁塔最先映入眼帘，大部分的房子都比较低矮，基本上没有摩天大楼，所以这里是一个制高点。这样的布局特点也让整个城市看起来更有艺术性。

晚上，我路过一处僻静的街道，几个黑人在路边兜售皮包，当然还有兜售其他东西的。在我视线之内就有两个游客高价买了黑人的东西，可以确定“被宰”了。有一群人弹着吉他敲着鼓，其中一个人随着音乐的旋律跳舞。这时，一个黑人走过来搭讪，问我从哪里来，我告诉他我来自中国。通过交流得知他是塞内加尔人。他发现我正在暗中拍摄，便一脸严肃地警告我在这里不能这样，让我老实一点。在得到我肯定的答复后继续跟我套近乎，还跟我分享他认为不错的音乐。其实我并没有觉得音乐有多好，然后我找了一个借口离开了。之后又碰到一个印度人跟我要钱，得知我没有钱，又跟我要烟。我表示自己不吸烟，他失望而去。

圣心堂内部

蒙马特区有一座桥是建在墓地的上方，我走在这座桥上感到一丝恐惧。为什么我老会走夜路，说来特别心酸。节目创办之初我也没多少钱，都是订最便宜的青年旅馆，即便是合租我也要再选出更便宜的，房费也经常是住一天付一天。第二天准备再交

登上圣心堂

钱住时，前台告诉我已经满了，你必须再换个地方了。于是我就大晚上拖着大箱子，带着一天的疲惫继续找房子，而且总是一个人路过墓地。很多人认为我应该有很好的待遇，其实我真的和大家都一样，我们又不是圣贤，哪里来的优待啊。因为工作是自己的事，创作是自己的事，赚钱也是自己的事，没有人逼着你去远方。所以大家也不用羡慕我。

再说一件有“灵异”色彩的事情。当我回来再翻看我路过墓地的录像时，发现这里的栏杆上躺着一个流浪汉。但是这个流浪汉可不简单，仔细观察，他是被绑在栏杆上躺着的。我仔细琢磨，为什么要绑着呢？难道是像古墓派那样睡在一根绳子上吗？我断定这可能是一具死尸，可能就是 18 区被杀害的人，最后抛尸在了这里。细思极恐，大家也可以找这一集翻看一下。

到了我新租住的青年旅馆，旅馆入口的墙壁上满是带有黑人风格的涂鸦。走进旅馆遇到了两个强壮的黑人跟我要钱，我表示自己没有钱，然后迅速进入自己的房间。里面合住的是一个法国青年。当时我有点好奇，法国人为什么也要住青年旅馆呢？于是我向他询问这个问题，他告诉我巴黎的房价很高，像他这种来自小城镇的人根本负担不起。我才知道原来发达国家也有青年人买不起房。

巴黎虽然存在罪恶的角落，但这里依然是爱情的胜地。也许只有在甜蜜的爱情里，人们才会暂时忘记尘世间潜伏的危险。地铁逃票、艳舞女郎、农民罢工、浪漫婚纱照等都是我对巴黎的印象。如果你也追求刺激，不妨来这里寻找自己的冒险故事。

吉卜赛神偷与罗浮宫木乃伊

巴黎圣母院是巴黎的标志，法国大文豪雨果的《巴黎圣母院》小说让全世界的人都想一睹它的真容。在我的印象中，巴黎圣母院广场都是载歌载舞的吉卜赛女郎。她们为人们带来歌舞，从而赚取"演出费"，同时也传播着善良与和平。真实的巴黎圣母院又是怎样的呢？带着疑问我决定走进它，在小说与现实中穿越，寻找答案。

巴黎圣母院前的异国女孩

来到巴黎圣母院，这里总是人最多的地方。广场上，我碰见了一群头戴蓝精灵帽子的比利时人，他们热情地跟我打招呼，还告诉我"蓝精灵"在比利时语里叫"schtroumpfs"。在靠近巴黎圣母院的地方，我发现了几个打扮怪异的"女妖怪"，她们身穿颜色艳丽的中国服装，脸上化了浓妆，白脸红唇反差极大，打听之后才知道她们是为了参加一个比赛。其实这些特殊打扮的人是在做闯关游戏，巴黎圣母院是闯关游戏中的一站。

我发现在广场上有一个年轻的中国男性在打电话。他已经在巴黎生活了七年，对这座城市有比较深入的了解，他跟我分享了一些在巴黎旅游的经验。比如，一些看起来气质很差的华人往往随身携带大量现金，很容易成为抢劫的目标。说话时他告诉我有几个小偷已经朝这边走过来，是三个吉卜赛人。其中一个人是怀孕的妇女，她手里拿着一支笔和一张纸找人签字。当有人签字的时候，她的同伙就会趁机偷走签字人包里或兜里的东西。为了避免偷窃失败，她们耍了一个阴险的花招，就是在这张签字纸最下面写上一行小字，那些字的意思就是你需要捐献一定数目的钱。这样的话，当她们没有偷到你的东西时仍然可以从你身上有所收获，真可谓“用心良苦”。这个吉卜赛孕妇让人想起了文学名著《巴黎圣母院》中美丽动人的吉卜赛女郎，可是两人带给我们的感受却是天壤之别。《巴黎圣母院》享誉世界，人们通过这部作品认识了吉卜赛女郎，所以这些吉卜赛女性才会来到这里蹭热度，不过偷窃的行为却令人不齿。

欧洲的经济危机和中东的动乱局势使巴黎街头出现了大量难民。这些难民已经不只是吉卜赛人，还有罗马

巴黎圣母院 28 位以色列国王全身雕像

木乃伊

装内脏的罐子

尼亚人、伊拉克人、叙利亚人等。这使得街头扒窃问题非常严重。

离开巴黎圣母院，我来到了罗浮宫美术馆。这里保存着许多世界名画，其中就有达·芬奇名作《蒙娜丽莎》，也珍藏着一些珍贵的古代雕塑。我在这里发现了许多古埃及文物，最让我感兴趣的是整个罗浮宫里最精美的那一具木乃伊。它的制作工序非常复杂，制作者要将死者的大脑从鼻腔吸出，还要把肝脏和肠胃从身体里掏出来，再将这些东西存放在四个大罐子里。而这四个罐子就是荷鲁斯（古埃及神话中法老的守护神）的四个儿子，所以说死者自始至终是受到神灵的保护的，还可以重生。之前有传闻称罗浮宫里面闹鬼，后来有导演拍摄了一部电影叫《罗浮魅影》。在古埃及每当一位法老死亡时，大祭司会将其制作成木乃伊，并设置诅咒，彰显其神圣不可侵犯。凡是安放木乃伊的博物馆，几乎都流传着关于诅咒的传闻，比如游走的灵魂、移动的雕像、馆长的身亡等，这些事件到现在为止仍然无法用科学来解释。

有一些自行车爱好者在罗浮宫附近的一块草坪上休息，其中一个亚洲面孔的小伙子向我打招呼。他的相貌与中国某演员神似，我把从网上找到的照片拿给他看，他自己也很惊讶。他的朋友看到照片后惊呼这简直就是同一个人。他告诉我他叫罗盛安，25 岁，是柬埔寨和中国的混血，出生在巴黎。

我在地铁站的自动售票机买票时，遇到了一个无业游民向我索要钱财。我给了他 20 欧分，他嫌少故意让其掉落在地上，然后又极不情愿地弯腰捡起来。见到他这副表情，我对他说不要的话就把钱还给我，这个人却站着不动嘴里还嘟囔着什么。我不再理会他，转身去乘坐地铁。在地铁车厢里，有几个男女一边喝酒一边聊天，还有拉手风琴、吹号、唱歌等卖艺的人，好不热闹。下地铁后，我看到一个地铁工作人员周围站了好多人，原来是在对逃票的人进行处罚。据了解，巴黎地铁对逃票行为最高处以 50 欧元的罚款。我很好奇这么高的处罚会不会让乘客老老实实地买票呢？带着这个疑问，我在地铁入口闸机附近暗中观察。

我发现，有些乘客采用各种手段逃票，不分黑人白人，简直是“八仙过海，各显神通”。有的人利用身体偏瘦从闸机栏杆的缝隙处挤进来，有的人凭借灵活的身手从上面跳过来，还有的采用刷一次卡进两个人的方式，真是让人大开眼界。更让我忍俊不禁的是一位法国白人小伙儿的演技。他察觉到我正在拍摄，于是就假装地铁票失效了不能正常进站，还反复表演同一桥段，表现出非常无奈的样子，准备翻越闸机逃票。我实在看不下去了就把自己的票借给他，这一出闹剧才算画上句号。这个小伙子进站之后倒是很有礼貌地向我表示感谢。从某种意义上来说，我觉得中国的地铁管理还是比较规范和有效的。

巴黎的颜色不止一种，所以，有人在巴黎沉醉，有人在巴黎迷失，也有人在巴黎看到希望。尽管如此，这里永远是人们心中充满渴望的世界。拍摄了那么多次巴黎的景色，我认为还有太多的事情没有去了解，我所记录的只是我的个人视角，也许巴黎也有一双眼睛在关注着你，在等着记录你与巴黎的故事。

巴黎地下墓室的白衣男子

说起法国，人们都会想到灯红酒绿的香榭丽舍大道，脑洞又摩天的埃菲尔铁塔，时尚悠久的各大奢侈品牌，人们总会忽视那些现实的遗存，并不喜欢关注那些藏在地下的历史。

走进巴黎地下墓室

坐在白骨宝座上

雷探长来到巴黎一定要探访一下当地人的墓地。世界上的墓地各式各样，西班牙人是抽屉式墓地，以楼层的形式安葬死者。东非部落文化是要把婴儿的尸体放进木桶挂在树上，而印度尼西亚的古老民族则是喜欢把死者缩制成木乃伊，和祖先的遗体摆在一起，保佑后人……不管什么样的文化，墓地总是死者最终的归宿。在巴黎居然也有这样一座地下墓室，当地人称为“骷髅墓”。这座墓地有着非常悠久的历史，长久以来参观的人似乎并不是很多。巴黎地面上的风景未必都被人看完，何况参观墓地可不是人人都好这口，总有人视探访墓地为晦气的事。

巴黎地下墓室原本是用来开采石头的采石场，看看巴黎城的地面建筑，巴黎歌剧院、罗浮宫、巴黎圣母院、老佛爷百货……大大小小的城市建筑都是用石头建造的。这些石头不是来自别处，都是来自巴黎地下采石场。1786 年，巴黎暴发了瘟疫，地面上的墓地已经无法满足需求，于是地面上的墓地和医院里的尸体一起被迁移到地下采石场，形成了公墓。这里直到 1814 年才停止使用。

雷探长寻找地下墓室是有点费事的，虽然提前搜寻好了位置，但到了现场找了一圈也没有找到，因为连个标识也没有。在 14 区的丹费尔 – 罗什洛广场上绕了好几圈，最终发现了地下墓室的大门，是一个突出地面的小门面。后来想想巴黎的很多地下建筑比如下水道的入口都是这样的。

就这样伴随着那些传说和潮湿的阴风，我迎着黑暗顺着螺旋形楼梯向地下进发。有些潮湿的味道是正常的，想想毕竟是放尸体的地方。地下又没有排气扇，我们的肺不就成了帮助墓室换气的天然装置了吗？细思极恐。

走了 130 级左右的台阶，我知道离墓室不远了。我来到墓室入口，看到墓室上方写着一串法文“祖先墓地，不得打扰”。这串文字就如同诅咒一般，恐吓着入侵者。我想了想，就开始默念：“我只是来探险，不会带走你们的骨头的，让我平安地走进去吧。”我一闭眼，缓缓地走入了这一充满诅咒力量的大门。

刚一走进墓室，那些人骨堆积而成的人骨长城浩浩荡荡地在我两边连绵不断地出现，似乎我来到了幽冥王国。整个地下墓室据说占地 1.1 万平方米。这里的过道即让人通过的地方也就高两三米，宽两米。也就是说你稍微错开一两步就可能会碰到那些人骨头。我想，现在我们不是战乱年代或者瘟疫年代，很多孩子甚

白骨被摆出各种花样，其中还不乏社会名流精英

至大人都没见过死人，这么多骷髅更是没见过，当没见过尸体的人看到这些会有什么感触呢?

继续往里走，地下墓室的室内结构也变得复杂起来，先会看到各种由骷髅拼成的图案。有的拼凑成扑克牌里的黑桃图案，有的拼成字母。随着不断地深入，宫室也变得越来越大。这里堆积了 600 万人骨，由于人骨太多，当时教士们拿到的都是身首异处的骨骼。为了方便堆放，便分门别类，头骨和头骨放一起，腿骨和腿骨堆一起。偶尔也会设一块石碑，上面写着该处人骨是从哪里转移过来的。我小心翼翼地坐在一块石凳上，这些石凳在墓地里很常见，就是供扫墓人坐下来和死者对话的地方。我很担心我的包会碰到背后的那些骨头，我看到对面的石碑上写着这些骨头来自巴黎圣母院的陵园。这里我要介绍一下，其实欧洲的墓地多半都会在教堂附近，著名教堂更会有墓地，由于巴黎圣母院太知名，周围已被商圈包围，如今那里已看不到墓地的影子，所以迁到这里是理所应当的。

地下墓室除了人骨堆积拼凑的图案，还有各种人骨柱子，可能是用来支撑墓室防止塌陷。其实塌陷在巴黎很常见，因为巴黎城的地下都是掏空的，需要支撑也是必然的。很多头骨从下往上堆积而成，最下端的头骨由于接近地面，湿度大，都变成了绿色，头骨表层长了一层绿苔。有的头骨由于被挤压得太瓷实，已处于崩溃粉碎边缘。想想这位死者要知道自己死后头会被用作基座那要多么抓狂啊！在另一处石窟洞里，有男男女女大小不等的骷髅搭建的一堵墙，骷髅也变成了绿色。

其实地下墓室要想走完是不太可能的事。这个地下墓室，有的地方接近塌陷，有的地方已经成了地下暗河，想了解它就要冒更大的危险，这里还有很多不为人知的秘密。我要继续寻找秘密，从地下墓室中找到答案。

我走着走着，发现有一些大人物也葬在这里，我脑海里浮现出来的就是这些大人物晚上会和这么多的市民“开派对”。说来也怪，我在巴黎地下墓室居然浏览了一天，这里百转千回的通道似乎让我忘记了回家的时间，一看表已经是下午 5 点 30 分。走廊里一个人也没有，连工作人员都不知道去了哪里。我想这下糟了，会不会我被人遗忘在地下墓室了。由于从墓室出去还要走很长一段路，那些工作人员就算回头来找我也会大费周折。看着整个走廊没有人影，我立刻有了向外跑的想法。如果再不跑出去可能就会被真的遗忘在这个墓室里，最后真的要和

巴黎在不同时期为地下墓室绘制的海报

这些骷髅共枕眠了。

事不宜迟，我开始往大门方向跑，两边的骷髅似乎在向我招手微笑，越跑路越长，这条路跑得越来越艰难。地上的积水也越来越多，我头也不敢回，回头看一眼那深不见底的墓道，似乎有什么要追上来似的，越想越可怕。就在这时，我滑了一跤，重重地摔倒在地上，周围骷髅松脆的骨灰也从地上扬了起来，溅了我一脸，吃了我一嘴。我艰难地爬起来，站起身，把骨灰吐出去，然后一瘸一拐地向着光亮处走出去。回到了地面，被工作人员告知我是地下墓室最后一位出来的客人，然后他们锁上了大门。

后期剪辑是回来后的任务了。当我坐在电脑前整理素材时，就找到地下墓室我摔倒的这一段。我发现了一个奇怪的现象，我重新回看我在墓室走廊里奔跑的画面，仔细看，空荡荡的墓室通道内，只有我一人，但就在我身后却站着一位男子。这位男子身穿白色 T 恤，欧洲面孔，目光呆滞地看着我，从我身边掠过。我反复倒带翻看这段画面，觉得异常诡异。回想当时墓道里确实没有任何人，那么这个白衣男子是从哪里出来的呢？

这一期节目播出后，关于这一段在观众中却炸开了锅，有很多网友给我发来评论，认为他是墓室里的鬼魂，因为他的神情和穿着都不正常。但是怀疑论者认为这是我们剧组的工作人员，是个大活人，如果是鬼魂怎么可能穿着现代的衣服还是一件现代 T 恤。我开玩笑地回复他们说："哈哈，哪条规定要求鬼魂一定是古代打扮，现代人死了到阴间就要换成古代打扮吗？阴间也要与时俱进的呀。"

巴黎地下墓室确实名不虚传，成堆的白骨让人震撼。有人说以现在的技术为什么不把这些白骨都火葬了变成骨灰？我觉得死亡就代表着一切都已经过去了，人生最大的价值还是要珍惜如何活着。我想起了墓室里的那个白衣男子，假设他真是幽灵，那么他生前一定还有未了却的心愿吧。

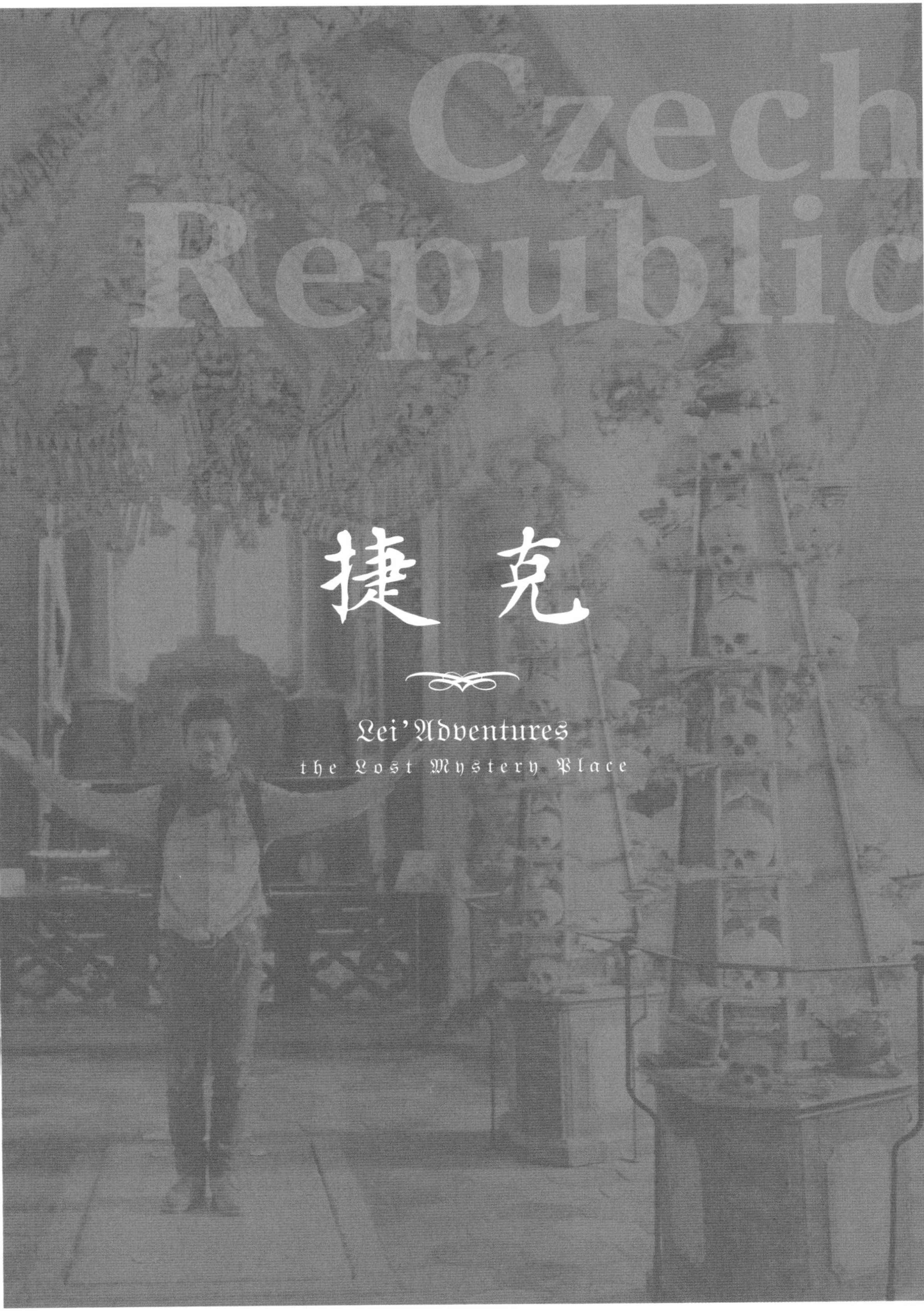

Czech Republic

捷 克

Lei'Adventures

the Lost Mystery Place

人骨教堂的巴洛克骷髅艺术

在时尚界，波希米亚是一种潮流，代表着自由洒脱的风格。但是很少有人去研究波希米亚的地理位置，其实它就在今天的捷克。波希米亚是“二战”时日耳曼人对捷克的称呼，这个国家一直以浪漫著称。它的浪漫不像法国那么奔放，也不像意大利那么透着高大上，而是东欧式的骨子里透着贵气，但又不失质朴的美感。首都布拉格，更是艳遇的胜地。在布拉格的查理大桥上抚摸许愿雕塑时，我居然偶遇了在德国认识的一位背包客女孩，似乎这里真的能应验某种魔力。

在布拉格以东 70 公里处有一座全世界较为罕见的、诡异的教堂，里面堆放了大量人骨，被誉为“人骨教堂”。其实这里也是一处墓地，是教堂式的墓地。

人骨教堂正厅

这座教堂位于库特纳霍拉小镇，需要从布拉格乘坐火车前往。当我刚来到这个地方马上就被这里古朴的乡村气息所吸引，这里有很多中世纪留下来的建筑，尤其是教堂。当然最出名的一座是圣芭芭拉教堂，另一座是塞德莱茨教堂，圣芭芭拉教堂以哥特式华丽精致著称，是欧洲教堂的杰出代表；塞德莱茨教堂是人骨教堂的正式名称。

寻找人骨教堂也是大费周折，我一路打听，最后在一位牧师的指引下看到了这座教堂。这座教堂周围全是大大小小的墓碑，走近教堂前也必须先靠近墓地。大大小小的墓碑簇拥着古老的教堂，仿佛表达了生者希望死者靠近主，靠近天国的愿望。

这座塞德莱茨教堂外观相当简朴，并不出众，甚至让人觉得没啥可看的，只是一座哥特式的古老教堂而已。哥特式建筑一般都有高耸入云的尖顶和庄严肃穆的历史感，让人感受到上帝的气场。而这座教堂的尖顶上的钟楼却是黑色的，最奇特的是风向标的设计，是一个骷髅的形象，可见这座教堂和墓地关系明确，就是和死亡打交道。

最紧张的就是走进这座教堂的时刻，顺着哥特式低矮的门就可以走到教堂内部。很多教堂都是高大的门，而这里则是低矮的门，因为这座教堂的大堂是下沉式的，走进室内紧接着就是向下走的楼梯。里面的哥特式拱顶大拱门一路上还会出现三次，这种设计加深了教堂的立体感。在进门的地方可以看到由大腿骨、胯骨、手骨等拼接成的一对高脚杯，这其实象征着耶稣的圣杯，就连圣杯上的气泡都用人骨给拼了出来。圣杯是指在最后的晚餐上，除去犹大之外耶稣 11 个门徒所用的杯子，里面装着红酒，象征耶稣受难流的鲜血。

这个杯子一度失传，据说用它喝水可以返老还童，至今很多文艺作品都会讲人们如何去寻找它。当你看到圣杯的图案或者造型就应该明白这是一个美好而且吉利的图腾。这座教堂虽然不可能藏有圣杯，但是走过这一组骷髅圣杯，似乎被耶稣洗礼了一样，让人心情舒畅，诚意满满。

穿过圣杯我慢慢地往下走，已经开始闻到一股历史的味道，也夹杂着发霉的味道。处处都是白骨骷髅堆积起来的装饰，宛如一处博物馆。如果你没有见过白骨骷髅，这里真的是一处让人大开眼界的场所。估计我上一次见也是《西游记》的“白骨洞”了，什么宝座、烛台、项链都和白骨有关，这里也有过之而无不

人骨教堂的骨骼艺术

及。据说这里用 1000 具人骨来装饰。大厅里有四个角落专门用来堆积白骨，形成四个白骨塔。这四个对称的白骨塔完全就是这里最大的白骨建筑。为了能给予死者祝福，现在的人还会往这个骷髅塔里扔硬币。要知道这些骷髅堆在这里至少几百年了，如果清理这些硬币时碰到这些骷髅，这些白骨塔则可能会有粉碎性的结果。壁炉最下端的白骨由于受潮和上面的重力挤压，很多都变形了，看着龇牙咧嘴，完全就是恐怖故事里绿色骷髅的模样。我对这些被挤压的白骨表示深深的同情，同时也送上了钱币的祝福。这么多的人骨为什么会堆在这里呢？这是有特殊的历史原因的。

1318 年布拉格暴发了黑死病，捷克地区尸骨遍地。教会的乌鸦头医生成为人们唯一的希望，但是依然控制不住疫病的蔓延。库特纳霍拉的教堂和周围多出的 3 万块墓地，由于实在没有地方掩埋尸体了，后来富有的施瓦森贝格买下了教堂的地皮并请来工匠 Rint 来装饰教堂。这位工匠有着极高超的艺术天赋，他环视周围，发现这里最不缺的就是人骨，于是，他就用这些人骨精挑细选后搭成各种形状来装饰这座举世罕见的巴洛克式教堂。这座人骨教堂还发生过游客神秘失踪事件，警方介入调查至今未果。关于人骨教堂丧尸归来的传闻不胫而走，让人匪夷所思。

在人骨塔旁边的墙上可以看到人骨拼成的 Rint 字样，这就是人骨教堂设计者的名字。他本人是一个工匠。后人用骨头拼出了 1870 年字样，表示这个教堂在 1870 年翻修过。很多骨头在翻修时丢失过，也就是说原来的骨头量比现在还要庞大。在教堂的正中间有一个吊灯，吊灯也是由人各个部位的骨头做成的。就在这个吊灯的正下方有一个入口，这是地宫的入口，里面埋葬着 15 具富人的尸体，现在这个地宫已经被牢牢地封死了。其实在教堂下面埋葬尸体本来也是教堂文化的一部分，而且往往也埋葬着未揭开的秘密。

教堂的正中间是耶稣受难像，周围的墙壁已经斑驳不堪，仔细看墙皮也掉得差不多了，但是也没有人修缮它。在“二战”期间，捷克地区并没有遭到很强烈的轰炸，所以人骨教堂保留了下来。这种没有修缮的残破感觉，也成为一种美，充满了浓浓的古典气息。我从这些骨头的身边走过，他们就趴着看着我。感觉这些骷髅的眼睛瞪得很大，就像在往下看。他们的嘴也张得非常大，因为没有下颌骨，他们就一直张着嘴。很长时间没有人动他们，能够看到骷髅眼睛里结满了蜘蛛网。一只大蜘蛛在骷髅的眼睛里爬进爬出，真的很难想象人死后会被放在这个地方。风一吹这个蜘蛛网随风飘舞，充满了惊悚的气息。

很多人看到人骨教堂，最惊讶的是这些人的骨头难道就这样被随意地摆放或作为装饰品装饰教堂吗？这不是对生命的不敬吗？其实并不是这样，在基督教的观念里，死者能把自己的身体献给上帝，那将是非常崇高荣幸的事情。也没有什么好可怕的。教堂的墙上有一串一串的骷髅头串起来的串，如同珍珠项链一样，把人骨头的边角料都用上了。在塔楼的拐角，能够看到很多没有用上的骨头，还有一些骨头串成了串，但是还没有机会挂起来。所以说能挂起来的骨头非常幸运。

这座教堂的建设可以追溯到13世纪，距今700多年，也正是中国的宋元时期。当时奉波希米亚的国王奥克塔文二世之命，前往耶路撒冷捧回了一把圣土，撒在了教堂原来的这片土地上，后来这一消息在波希米亚传开，很多中东富豪都希望死后能够葬在这里，这样离天国更近，于是他们就成为最早进入这片墓园的人。之后随着黑死病的蔓延，教堂的墓地已经放不下那么多尸骨了，于是才把这些骨头都堆积起来，变成艺术品。

说到这里，大家可能会问要把这么多大大小小的人骨码放整齐，并且严丝合缝的串成串是怎么办到的？大小难道就天然的一致吗？针对这个问题我要讲一个故事。捷克爱国人士胡斯，献身宗教改革，罗马天主教视其为异端，处以火刑。胡斯死后爆发了胡斯战争，这场战争影响深远，死伤惨重，这也是欧洲历史上著名的农民战争，很多胡斯战争中死掉的士兵的头颅也存放在这里。也就是说这座教堂里的头骨大多是清一色的男性头骨。当我想把头伸进铁笼，仔细看看铁笼里的头骨，突然铁笼里发出“嘀～嘀～嘀～”的响声，着实吓我一跳。我四处张望，原来是警报器响了，示意不能离白骨太近。在这种环境里响这么大声的警报会吓死人的。

我小心翼翼地走上了教堂的二楼，往里走又是一个哥特式拱门。这个教堂塔楼1421年因为胡斯战争而被烧毁。后来在1703年到1710年，有一位意大利的工匠又将塔楼修复好了，修好之后变成一个尖顶的风格，两边还开了天窗，仿佛灵魂可以上天一样。

大厅里的骨头艺术品，最有特点的要数施瓦森贝格家族徽章。徽章右边能够

人骨拼成的施瓦森贝格家族徽章

看到一只秃鼻乌鸦，正在啄一个土耳其士兵的眼睛。这就标志着施瓦森贝格家族曾经战胜过土耳其人。整个徽章真可以算上艺术品，没有强大的耐心和艺术造诣是做不出来的。这里不但用了人的肩胛骨，还有牙齿，而且用骨头做出了一个皇冠，这个皇冠位于在徽章的最上面。徽章整体非常华丽，给人一种贵族般死亡的尊严。

Ossuary 是教堂旁边的一个墓园，传教士曾经在这里写过一段话：人跟上帝有一个约定，当人去世时，人们就会来到上帝面前，接受上帝最公正的评判。如果别人喜欢你，那是你的表象取悦了他的眼；如果别人信服你，那是你的魅力征服了他的心。别太把别人的喜欢当回事，充其量你只活在他的表面；要珍视别人对你的信任，因为你已经走进了他的心中。万一走出来了，就很难再进去。我们要做的，不是把自己装扮成花瓶，而是不断地提高自己能够让别人信服的能力。这样当死亡来临时，死也是有价值的。

Slovakia

斯洛伐克

Lei'Adventures

the Lost Mystery Place

血腥玛丽浴血黑暗古堡

欧洲之行对我的冒险旅途有着深远的影响，欧洲历史的精彩度虽然不及东方，但也影响了世界近代的文化。欧洲是较早发明化妆品的地方，全世界相继使用。当代女士们都舍得在脸上和身体上下血本，纷纷前往欧洲购买化妆奢侈品。殊不知早在16世纪的匈牙利，就有一位女士知道保养肌肤，但因为手段太残忍而臭名远扬。

雷探长这一趟专门到了斯洛伐克来寻找这位会保养的美丽女伯爵伊丽莎白·巴托里（Báthori Erzsébet）的城堡。女伯爵出生于1560年，她有一个特殊癖好，即残害手下美貌的女仆和乡村女孩。她杀人作案的地点在一座城堡之中。这座城堡就像一座魔窟，又像一个堡垒，知道这座城堡的人都以为城堡已经被摧

伊丽莎白·巴托里的浴血池

毁，只留下了残垣断壁，实际上女伯爵的城堡可不止这一处。

当我来到斯洛伐克，已经是秋季。这里是一个东欧国家，据说这个国家名字在 15 世纪就开始使用了。1867 年被奥匈帝国统治，1918 年 10 月 28 日与捷克联合建立捷克斯洛伐克共和国。1993 年 1 月 1 日和捷克和平分离。虽然这段历史充满了很多无奈，但在历史长河中也是沧海一粟。这个曾经强大的国家留下了很多座城堡，成了世界上古代城堡最多的国家。此行我要寻找的就是血腥玛丽——伊丽莎白·巴托里沐浴过的城堡。

秋冬季节布拉迪斯拉发非常的寒冷，也许这是东欧地区秋冬的特色。我一个人走着，没有人知道我来的目的。大街上都是石头堆砌的古老建筑，人也不是很多。事实上血腥玛丽浴血过的地方一直是一个谜，有待于考证。但是当地人认为在这座城市有一个城堡内就有血腥玛丽的浴血池，而且也是她生活过的地方，于是晚上我独自带着手电筒开始往这座城堡里寻找和探索。

万圣节期间，这座城堡居然不关大门，深夜也开着，这就给我的探索打开了便利的大门。由于我要对这次探索进行记录，我一个人拿着摄像机顺着小路往城

幽森的城堡内部

堡里走，东瞅瞅西望望，就是希望早点看到血腥玛丽城堡。最终我看到一个高大的建筑倒影从山坡上打下来，城堡出现在了我的面前。这是一个墙体由石头堆砌的城堡，除了沧桑感，更多的是笼罩在它上空的恐惧的阴霾，周围树上的乌鸦在悲哀的嘶鸣。这一幕很多中国人可能认为是死亡的预兆，或者不吉利的象征，但西方不这样认为，他们认为乌鸦是非常聪明的一种鸟。

尽管乌鸦是有灵性的，但是我还是觉得应该早点进去，我拿着手电筒和摄像机赶紧往城堡大门方向跑。跑到围墙的时候，自己吓了一跳，墙上有一个我自己的巨大倒影。这时一位司机从远处走来，按响了车钥匙，开走了自己的爱车。虽然我很低调，但是在他们眼里却是鬼鬼祟祟的，犹如一个偷车贼。城堡的围墙非常结实，总感觉到里面有一些动静。也许是夜晚的缘故，四周格外安静，墙壁里似乎是另一个世界。

这座城堡的大门让人感觉非常的压抑，走进大门似乎能感受到当年的起义者来到大门前敲打大门、要求伊丽莎白·巴托里偿命的画面。走过宽敞而又古老的石头大道，我看到这里有一条条门帘一样的挂毯，这些挂毯虽然古老布满灰尘，但是也让我觉得后面的东西非常恐怖，不知道有什么在等待着我。昏暗的灯光下，似乎一双双冤魂的手伸向我，虚无缥缈，幻影般地让我恐惧。

浴室内的水井

我缓缓走过挂毯，试探性地往里面走。这座城堡的大厅非常的大，但也非常的旧，我绕了很大一圈想寻找到伊丽莎白·巴托里的卧室。周围的墙壁散发着红彤彤的死亡一般的灯光。为什么这些墙壁上会有红色的光？据说是伊丽莎白·巴托里杀害少女后不知道如何处理尸体，

茜茜公主画像

又怕被人发现，就把这些女孩尸体肢解，先是藏到了床底下，当床底下也藏满了，就开始重新找地方藏，最终藏到了城堡的墙壁里。这些墙壁实际是尸体堆积而成。有人问这个传说是真是假，近代的考古学家在这座城堡里确实发现了大量人类骨骼，由于年代久远不知道这些骨骼到底是怎么来到这里的，这个恐怖的藏尸故事也许就是最好的解释。

就在这时我看到一处不太显眼的隧道，这处隧道完全是砖块砌成。顺着隧道我又向里走去。这个隧道非常古老，里面的风很大，我很奇怪，这样一条深邃的隧道，为什么会有如此大的风。寒冷中这些风带着地下的湿气，像那些冤魂一样张牙舞爪地跳跃着，这也许是我有生以来最触目惊心的一次探索。再往后看到的东西让我真的感觉不虚此行。

传说血腥玛丽的浴血池是在一个地下室里，而不是在楼上，因为地下室比较隐蔽，作案完了很容易藏尸。就在这弯弯曲曲的隧道最深处，那里的灯泛着黄色的光。眼前一片眩晕后，渐渐地耳边似乎出现了一些奇怪的呐喊声。“难道是狂欢的人群吗？”我心里想。首先看到的就是一个很大的池子，这个池子是用红砖砌成的，里面空空如也，我确定这就是专门用来肢解女孩的池子。这间密室与血腥玛丽电影和小说插画里描绘的一模一样。

密室四周都是红色的砖墙，这种砖块的设计是斯洛伐克古时候的一种传统设计，几乎所有城堡都是这样的内部机构。这样的设计反而让我觉得特别像一个牢房，跟地狱似的。大厅正中可以看到一个水井，这个水井非常的大，而且深，我把头探了过去，看下去至少有 10 米，也就是说扔下去个东西就怎么也捡不回来了。我赶紧向后退缩了几步，不难想象这是一个多么危险的地方。

古代斯洛伐克城堡里都有这样一口井，既可以做饭也可以洗浴。这使我又想到另一个故事：传说故宫里有一处珍妃井，相传是八国联军进北京时，慈禧太后命令将珍妃投入井里。这个井让我联想到伊丽莎白·巴托里会不会把这些女孩的尸体也扔到井里去。

在水井的旁边就是一个方方正正的浴缸一样的设置，这个其实就是伊丽莎白·巴托里沐浴的浴血池，这个池子可是我此行探访的重点。看到它我真的是十分的激动，应该很少有人会来寻找血腥玛丽的池子。这个池子可不小，很难想象当时这么大一个池子曾经会装满了少女的鲜血，这要杀掉多少少女啊！当年伊丽莎白·巴托里为了永葆青春招来了很多女用人。据说伊丽莎白·巴托里有四个心腹，他们专门负责不同的工作，有的是负责把女孩引诱到浴室，有的是把女孩害死，有的是把女孩的尸体肢解。这些人不能走漏风声。而且最后这些心腹都死得很惨。

谁也不知道伊丽莎白·巴托里夫人最后是不是真的被起义的农民拖出去打死，但是每当月圆之夜，城堡里就会传来痛苦的哀号。有人说这些女孩从来没有离开过这里，城堡的乌鸦就是她们的化身，每当有人再次光临城堡时，乌鸦就开始一边叫着，一边讲述起自己悲痛的一生。

Italy

意大利

Lei'Adventures

the Lost Mystery Place

庞贝古城被火山灰定格的时间

庞贝是亚平宁半岛坎帕尼亚地区的一座古城，在维苏威火山东南脚下 10 公里处，距罗马约 240 公里。庞贝在古希腊语里是“处死”的意思，所以说它是一座带有死亡征兆的古城，后来消失在历史的长河之中。公元 79 年，维苏威火山突然爆发，厚约 5.6 米的火山灰毫不留情地将庞贝古城吞噬。

前往庞贝是我多年的心愿。早在初中的时候，老师就告诉我们，有一个叫庞贝古城的地方，那里出土了很多人类的尸体。特殊的是，这些尸体死亡时的样子依然保存完好，仔细想想也非常的吓人。如果真的能保存死亡时的样子，那么不就等于定格了时间吗？我当时从杜布罗夫尼克出发，穿越亚得里亚海，专程乘坐轮船，并在轮船的甲板上睡了一夜，最终到达意大利的巴里市，然后乘坐火车辗转来到了那不勒斯。

有人说意大利是欧洲版的中国，我觉得确实有几分像。虽然他们是欧洲人，但是很多时候也不拘小节，比如不爱排队，甚至随地吐痰，大街上稍微发生点摩擦就和司机对骂起来。这还是我们心中高大上的意大利吗？不过还是不要有任何偏见，我认为越是这种大大咧咧的民族，越是在古代创造过高度的人类文明，创造过灿烂的文化。

我住进了一家离庞贝古城遗址很近的旅店，没想到房东的儿子就是专门接私活做野导和游客生意的，但是这并不意味着我能得到什么优惠，反而给我推销了一堆可有可无的产品。不过在我耐心地解释下，最终我还是准时地来到了庞贝古城遗址。

当我走进庞贝古城遗址时，眼前的庞贝是一片残垣断壁，无论是建筑还是石头都留下了斑驳的痕迹。这些痕迹是古城的记忆，向后人诉说着曾经的灾难。我走进一户古代居民家的遗址中准备探察一下古城居民的日常生活情景。在厨房的墙壁上还残留着烟囱管道，从保存比较完整的炉子和吧台可以看出它们的设计与现代的设计基本无异。厨房旁边有一扇矮门，门里面是当时居民的卧室。根据周

保存完好的庞贝街道

被火山灰覆盖的庞贝人

围的环境可以判断，杂草丛生的地面已然不是最初的地基，而是经过多年沉积之后的结果。抬升的地基使得原来的门口被堵住一部分，就形成了现在这种低矮的模样。前边参观的是普通居民的房子，接下来我来到当时富人家的房屋遗址。紧挨着的两栋大房子都归同一个主人所有，屋内墙壁上刻有彩色的人物壁画，还摆放有一些雕像。

从富人的房屋出来后，我准备到另外一户居民家中再看看有什么新奇之处，不承想却拍到了不雅的一幕。一名欧洲成年男性在房屋遗址的一个角落里小便。当时我心想："天哪，这可是世界文化遗产，怎么会有人在这个地方小便，难道真的把这儿当没用的废墟了吗？"当他发现自己的行为被拍摄后，好像要跟过来找我算账。他跟了一段路后就离开了，这时我才松了一口气。同时我想到的就是，西方人也有不文明的行为。比如一些西方女游客在八达岭长城上乱刻乱画，一些西方男子骑在我国传统建筑前的大狮子上拍照，另外还有随地吐痰、说脏话、打架、乱穿马路……如果你觉得这都不算什么，那么八国联军在圆明园打砸抢烧、破坏文物总算不文明行为了吧。

庞贝古城不算很大，目前已出土了大大小小 50 多家妓院的遗址。在古罗马时期，并不是所有成年男性都能进入妓院接受性服务。在进门前必须测量生殖器的长度，只有达到标准的人才能进入。我来到古城中一条著名的妓院街。在一个妓院门口，几个外国中老年女性透过铁栅栏门向内部张望，似乎想看清里面墙壁上露骨的情色壁画。壁画上有个长着巨大生殖器的男神，他叫普里阿普斯。这是古希腊神话里的生殖之神，掌管男性的生殖器，所以他的生殖器也异常地勃起着。本来以为她们会很惊讶，但是她们看完之后却表示这些画也没什么意思，这倒是让我觉得意外。其实西方老太太特别喜欢看意大利男神雕像。上次在大卫的雕像前，两个老太太盯着大卫的身体又是拍照又是感叹，我逛一圈都回来了，她们还在看。好吧，这是两位懂得鉴赏艺术品的美术爱好者。

据说，在古代进入妓院需要走秘密通道，我沿着狭窄逼仄的通道进入妓院的内部。密道墙上的壁画虽然年代久远，但是依然很清晰。壁画内容过于露骨，体现的是罗马人的胆大妄为与腐化堕落。古罗马当时从希腊、阿尔巴尼亚以及周边很多地区招来了大量妓女，她们在这里提供性服务，罗马人便纵情于声色、荒淫无度，这也许是他们走向衰落的一个因素。在妓院内部，仍然有大量的壁画，这

庞贝人死时的各种姿态都被保存了下来

些壁画虽然创作于1600年前，但是壁画中的一些造型艺术好像现在仍然在沿用，从侧面反映出当时人们的时尚观念并不落后。

正当我仔细观察妓院房间里的壁画时，听见外边好像有人在争吵。探头看去，发现是一个女性工作人员与一个欲进入妓院参观的女孩在大声说话。这位工作人员想要抽烟，就问女孩身上是不是有打火机。这个女孩当时误解了她的意图，以为这里不允许携带打火机，于是谎称没有。这个工作人员发现女孩曲解了她的话，便又解释一下说，自己想要借用一下打火机。这时女孩才明白过来，欣然地同意她的请求并决定把打火机送给她。最后是皆大欢喜。

等我从妓院出来，这位工作人员问我是不是在拍摄视频，我跟她说这是拍照不是录像。她对我的话表示怀疑，走过来非要检查一下，我当然不能给她看，于是和她纠缠了半天才脱身。在跟她交涉时，我才知道，她之所以如此执着，是因为她在上班期间抽烟被我拍了下来，她觉得不好意思并且担心被其他人看到。我觉得她在上班期间抽烟的行为本来就是错误的，应该得到纠正。

维苏威火山喷发时，大量的火山灰将整座古城掩埋，城内的许多居民来不及逃离就被吞噬了生命。我隔着一个房间门口的铁栅栏看见里面有许多出土的文物，最吸引我眼球的是桌子上平放着一具遇难者的尸体。在进行文物发掘时，考古学家们发现了一个人的残骸，可是内部却是空的，于是将石膏注入人体残骸里，等石膏凝固之后再将其清理出来，就是现在这个样子。这些死者在遇难时一般都会奋力挣扎，所以他们的尸体形态各异，一些来不及挣扎的人就会显得比较平静安详。有一具尸体身体形态很平静，很有可能是在睡梦中死亡。还有一具尸体蹲在地上，双手合十，表情十分痛苦，灾难来临时他可能正在向上天祈祷。并

维苏威火山顶上

庞贝古城遗址

非古城里所有的人都被火山灰掩埋，大部分人逃到了海边，可不幸的是他们又被火山喷发引起的海啸所吞没。

我在观察小房间里的文物和尸体时，一个葡萄牙小伙子闯入了我的视线，他向我展示拍摄的木乃伊照片。他告诉我这些照片是在一个集中存放木乃伊的地方拍摄的，然后就带着我过去参观。在路上碰到一些刚刚从那里回来的人，他们对那里的木乃伊赞不绝口。尸体化石存放在一个墙角，另外两面是玻璃墙。透过玻璃可以看到里面横向陈列着 13 具尸体化石。他们原是庞贝古城的居民，在维苏威火山喷发时，火山灰包裹了他们的躯体，凝固了他们最后的姿势，记录了他们生命的最后一瞬间。有的人在地上奋力挣扎，有的大人在拼命保护旁边的孩子，还有几个五六岁的孩子躺在地上。时值日落时分，在夕阳映照下的这个画面让人痛心不已。眺望远处的维苏威火山，灾难降临时的情景悄然在眼前浮现。如今的维苏威火山下是一片葡萄园，另一种生机盎然。

庞贝古城已被联合国教科文组织定为世界文化和自然遗产，游客们称这里是“天然的历史博物馆”，它每天吸引热爱猎奇和历史的人们来到这里。穿梭在古城废墟的大街小巷，进出于半毁的民宅、别墅、贸易市场、商铺、面包房、温泉澡堂、仓库，以及剧场、斗兽场、运动场，不禁使人心潮起伏，浮想联翩。

八千具木乃伊墓室里的睡美人

意大利，一座伴随着罗马帝国的兴衰史和神话传说延续下来的国家，诞生过太多的传奇。这些传说充满想象，让探险家们纷纷前往那里一探究竟。就连它的版图也像一只靴子，传说这只靴子是鞋神的杰作，所以意大利生产的皮鞋和足球都赫赫有名。位于意大利最南端的西西里岛，是一座位于地中海中的岛屿，人们认识西西里岛应该都是从浪漫电影开始的，当然黑帮片《教父》中教父的故乡也在这里。可我们要讲的并不是这些故事，而是另一件让人匪夷所思、望而却步的事情。

在一次查资料的时候，我注意到意大利有这样一个传统，就是在中世纪，意大利的重要人物喜欢在死后把自己安葬在教堂的密室里，当然他们一定是安放在特制的并且做工精美的棺材里，这种棺材有的会直接摆放在教堂内。比如巴黎圣母院里人们就能摸到这些石头做的棺材，在德国科隆大教堂的祈祷大厅也可以看到。这些石棺内要么是主教大人，要么是国王，要么是功勋卓著的将军。但是其他人也渴望享有这样的安葬方法，可没有地了怎么办？于是人们会选择在教堂的地下室里把这些死者尸体通通吊起来，挂在墙上。你没看错，就是把尸体挂在墙上！

这一安葬方式，勾起了我对意大利教堂墓室的兴趣。我非常想去一探究竟，看看在意大利能不能顺利地找到这样的墓室，见到死者尸体。后来我看到一篇报道，说意大利西西里岛的嘉布遣会修道院墓室里就有这样的安葬方式。但是关于这座修道院的信息当时还非常的少，去过西西里岛的人也寥寥无几，就这样我带着很少的信息踏上了去西西里岛的旅程。

我是从意大利的那不勒斯出发前往西西里岛的，从这里可以乘火车过去。意大利的火车虽然现代但又显得粗犷，现代是什么设施都有，粗犷是没人管。上了火车虽然能找到自己的卧铺，但是半天看不到任何工作人员。这也让我的西西里岛之行充满谜一样的未知。我在车上结识了一个孟加拉青年，他在西西里岛打工。他向我介绍，西西里岛是一个新新产业有待开发的地方。夜色中我能感觉到火车开到了大海上，因为西西里岛四面环海，火车必然有一段路要经过大海。我心想火车只要不开到海里一切都成。火车一路向南，最终到达了目的地西西里岛。之前我对西西里岛的了解就是黑帮和地下墓室，所以这里究竟是什么样我也完全不知道。

当我到达了西西里岛的首府巴勒莫，看到的景象告诉我，其实这里是一座古城，保存着意大利传统的美丽风情。古老的教堂，悠久的喷水池……但是嘉布遣会修道院到底在什么地方呢？

一大早就开始寻找，我问了很多当地人，我给他们看墓室的照片，居然没有人知道这里，不知道这是什么。其实这也很容易理解，现在的人应该已经不用这种安葬方式了，当然有可能不知道什么地下墓室。

我按照地图开始寻找附近最古老的教堂，最后将目标锁定在嘉布遣会修道院。来到这座修道院，我发现这里没有那么的恢宏，是一个很低矮的建筑，唯一醒目的是修道院最上方的圣母马利亚雕像。这里还能看到人们在唱诗，充满了意大利罗马天主教的风格。

在修道院的旁边有一扇小门，我壮着胆试着往下走，这里当时都是原生态的开放状态，由于西西里岛上的游客并不多，这些门也可以肆意进出。凭我的直觉，这道门后面应该会有一个向下的通道。果不其然，我向下走时感觉到一股潮气扑面而来，由于西西里岛四周环海，这里的地下墓室必定不会干燥。

这个时候，幽暗的隧道终于出现在眼前。通过影视或小说我一直有个印象，中世纪的修道院里总有一些错综复杂的隧道和密室，这密室要么藏着某种神秘的器物，要么就是住着一个古怪的修女。看来艺术真的源于生活。这里的隧道在修建修道院时就已经修好，也可以看出古人高超的建筑艺术。

渐渐地，腥味和发霉的味道都传了出来，充满了死亡的气息，应该都是死者变霉后的味道。这条隧道由于年久失修，顶部就要塌下来了一样。我相信以前肯定砸到过人。我鼓起勇气往里走，墙上渐渐地出现了很多凹坑，其实我也不知道这些整齐的凹坑是干什么的。但是看到这些凹陷部分的最上端都有一个铁钩，我似乎明白了。但是现在这些尸体都不在了，我猜测可能转移到了更适合悬挂的地方，这里离入口太近了，更容易风化。我加快脚步开始往里冲刺，两旁的凹坑一排排的从我身边滑过，可见这里的尸体大军曾经很庞大。

当我来到一个铁门门口时，我被震撼到了，眼前是一大片一大片的干尸挂在墙上。他们任凭岁月的冲刷洗礼，依然保持着他们的姿态，那么近，又那么真实。

我第一次见到那么多的尸体被挂在墙上，可以分为两三层。我缓缓往里走，可以近距离看到这些尸体。首先他们都穿着中世纪的衣服，最前面的一般都是修士，穿着神职人员的衣服。有的人目视前方，有的人低下头，有的人张着嘴，有的人皮肤溃烂，但是表情清晰可辨。很多尸体都双手交叉，并且两条腿也绑了起来。这个情形让我想起恐怖电影里的僵尸，生怕他们复活乱跑。如果是模特绑起来还好，木乃伊也绑起来确实会让人产生各种揣测。这些死尸里除了有贵族，还有平民，除了有军人，还有艺术家，判断身份取决于他们的穿着。其中有一具男性干尸穿着西装戴着丝质领巾，发型还在。从他的长发能感受到他是一位知识分子，很有法国文豪雨果的神韵。最关键的是他的眼睛，完全没有腐烂，直勾勾地看向前方。

这个墓室充满了难以名状的死亡气息，我感觉到莫名的悲怆，人死后如果非要挂起来，难道还非要用绳子捆起来才可以吗！

木乃伊张着大嘴充满哀怨的神情

在墙上我还看到了一家人的尸体放在一起，有爸爸、妈妈还有孩子。为什么一家人会一起死？这里并没有做什么介绍。要知道中世纪的医疗水平还不是很高。有一年欧洲暴发了大规模的黑死病也就是鼠疫，很多家庭都是一家人相互传染，最后等救援组织闯入时，一家人都已经死在了一起。这个悲剧也在意大利发生过，意大利至今还保存着因为鼠疫而死亡的尸骨，以及为他们而建立的教堂，比如米兰人骨教堂。

一些死者的嘴张得很大，我一开始也不明白，死人不都是闭着嘴吗？为什么如此恐怖地张着嘴，后来才知道，人死后已经没有下颌骨咬合的力量了。随着尸体被吊起来，人的下巴也就一天一天逐渐地掉下来。现在再看，每个人似乎都张着大嘴，似乎要咬人一样。

嘉布遣会修道院地下墓室的历史非常古老。1599 年，在西西里岛的首府巴勒莫，一位嘉布遣会修道院的修士在一座古老的修道院下发现了一个地下墓穴，里面都是西西里岛社会精英的干尸。他们身穿各个时期的服装经过防腐处理或站立或悬挂。于是这位修士决定把刚去世的修士也做成木乃伊。从那时起直到 1880 年，这种行为才被禁止。所以形成了眼前 8000 余具木乃伊的规模。

整个墓穴为古罗马的建筑风格，拱形的大圆顶，地面是大理石砖。当然，有些大理石上面还刻着名字，因为下面也埋葬着死者。走在这间房子里，真的感觉房子太大了。就在这时我的鞋带开了，我弯腰去系鞋带，然后又往前，突然另一

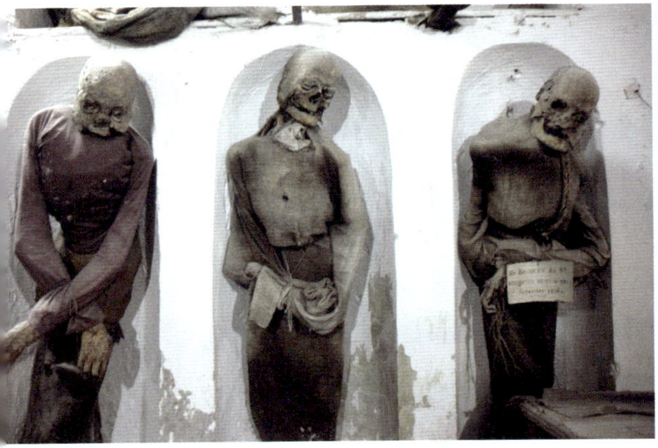

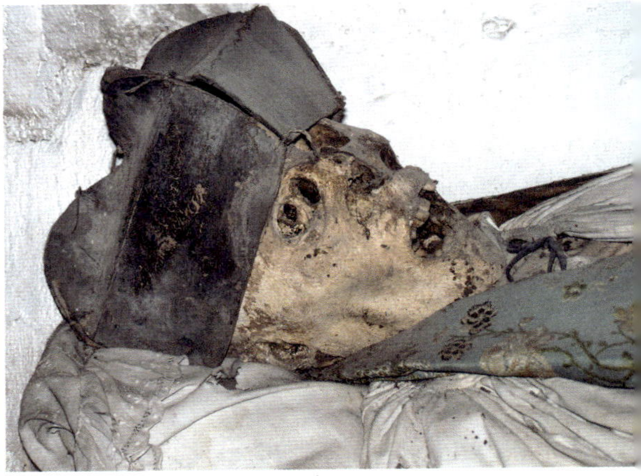

只鞋的鞋带也开了，我立刻又系上。我觉得不对劲儿，整个墓室就我一个人在走，非常安静，莫非这些死者对我的到来产生了反感，想让我走？于是我赶紧默念：我只是到这里来看一看，没有恶意，请不要对我有太多意见。突然远处的一堵墙在闪光，我赶紧走了过去。原来这是一间存放尸体的密室，由于地下潮湿，这里的灯似乎接触不良，一闪一闪的。

我探头看过去，这些死者被放在石床上，像极了武侠小说里的古墓派，里面温度非常低，寒气逼人。这些尸体一直发霉腐烂着，有的已经全部腐烂，可能后人为了保持他们的体形，又用干草填充他们的身体，并且给穿上了简陋的麻袋似的衣服，成为“稻草人”。远看还有人的形状，仔细看他们的双手双脚也都是捆着的，面部长出了绿色的苔藓。我又一次想到他们会不会一下子坐起来，不过即使坐起来，他们也是被绑着的。我心生怜悯，于是把我带来的小礼物放到了这个地方，以表达对死者的敬意。当我离开这间不起眼的密室时，再回头，这里的灯居然全部熄灭，再也看不清这些死者的模样了。你说是不是很神奇？

这里还有很多小孩子的干尸，小孩子往往个头不大，穿着可爱的童装，有的还戴着睡帽，有的穿着玩耍时的衣服，大部分都是放在一个小的棺材里，或者睡在一个特制的床上，体现家长对孩子的关照。有一面墙上有很多站立的儿童，他们形态各异，有的笔直地站着，有的则低着头弯着腰，宛如一个老妇人。他们身上出现了大量霉变，远看就像有虫子在身上爬。其中有两个孩子靠在一起，很明显是姐姐抱着一个婴儿。姐姐从个头上看最多 3 岁，怀中抱的应该是弟弟或者妹妹。刚出生不久就死去，当时的儿童死亡率看来非常高。

整个墓室里最为著名的要数一具 100 年来从未腐烂的木乃伊——罗莎利娅·洛姆芭尔多。为了寻找这具木乃伊，我沿着通道开始向内寻找。就在大厅的最深处有一个非常大的房间，如同礼堂，窗户也开得非常高。我站在门口看到在礼堂的最远处放着一个醒目的棺材，于是就边走边默念，希望这就是罗莎莉娅。走近后我看到一个有别于其他传统棺木的棺材，外层的玻璃更像一个防氧化的保护罩，似乎用了高科技手段。但是在这个现代化的玻璃棺材里又放着一个非常小的盒子，这个盒子又是什么？我把头慢慢凑了过去，这时一个女童的面庞赫然显现，金色的头发，头发上还戴着蝴蝶结。皮肤紧实，肤色均匀，两眼微闭，睫毛很长，仿佛刚睡着一样。

值得自豪的是，世界上三大不腐烂女尸雷探长都曾探寻过了。一具是墨西哥的僵尸新娘，一具是法国的圣女贝尔纳黛特，还有一具就是这位罗莎利娅。

圣女贝尔纳黛特35岁逝世，1879年安葬。在她被封为圣徒之前，天主教会三次要求挖出她的遗体进行检查。许多医生、神父与名望之士目睹了各次挖掘的过程。贝尔纳黛特的遗体并未腐朽，她逃过了肉身腐坏的自然规律。

听了有关她的传说，我不惜代价来到法国中部城市讷韦尔，仿佛我是神派来看望她的遗容的。贝尔纳黛特当时并没有对外展出，我等了两个小时碰到了一位虔诚的信徒，在她的帮助下最后才看到了这位“睡美人”。当时我非常惊讶，她静静地躺在教堂里，一点儿也没腐烂，在140年的时光里，她完全在睡梦里，似乎下一秒就要苏醒。享誉国际的尸体修复与保留专家杰奎琳在对贝尔纳黛特尸检后说：“在我对不朽之身的研究过程中，最让人着迷的就是圣女贝尔纳黛特。她栩栩如生，是保存最完好的不朽之身。”圣女贝尔纳黛特身上的谜团，远远超越肉眼所见的完美外表。

罗莎利娅·洛姆巴尔多，同样被誉为“睡美人”，出生于1918年，1920年她2岁时死于肺炎，她的父母依依不舍地请来一位医生，将她制作成木乃伊。神奇的是

远眺安放贝尔纳黛特的水晶棺

贝尔纳黛特临终前坐的椅子

中间就是贝尔纳黛特

不腐烂的贝尔纳黛特

不仅 100 年来她的面部栩栩如生，她的头发也从原来的黑色变成金黄色，成为世界上最美丽的一具木乃伊。这个故事还没有完，近些年西方的科考团队对这具小女孩的尸体做了详细研究。他们对着小女孩做延时拍照，后来居然发现一个惊天的秘密，这个小女孩的眼睛居然每天是慢慢睁开的，然后又慢慢闭上。这又是怎么回事？后来经过研究，有人提出，很可能是因为小女孩的尸体因为长期存放在潮湿的教堂地下，随着西西里岛每天涨潮退潮，地下的潮湿度也在随时变化着，眼睛一睁一闭是对潮湿度的动态反应。

想到这里我开始慢慢地观察小女孩的眼睛，真的发现小女孩的眼睛微微张着，能看到里面的眼球。科学家研究完了这具木乃伊后，发现100年来女孩虽然没有腐烂，但是她身上也在慢慢生长出霉斑，所以科学家专门为她定制了一个防腐水晶外罩。这一点就和中国汉墓马王堆出土的木乃伊一样，虽然没有腐烂，但是为了让女尸能继续保存，专门从国外引进了一个水晶棺罩在她外面。

其实罗莎利娅的棺材原本不放在这儿，而是和其他几个孩子放在一起。我还专门来到了以前放置小女孩棺材的密室。这是一间设有地下墓室的小教堂，教堂的中间供奉着圣母马利亚的塑像，墓室里全放着孩子的棺材，罗莎利娅和其他几个孩子的棺材也放在这个地方。由于其他小孩尸体正在慢慢霉变，为了不将霉菌传染给罗莎利娅，就把他们分开放置了。

这间教堂小祭坛的墙壁上有一个洞，我很好奇里面有什么，于是把手电筒和镜头伸了进去。通过镜头慢慢寻找，居然发现里面有很多的白骨，难道说死者除了安置在外面，还会往墙壁里扔，这不就是血腥玛丽的传说吗？按照这里的习俗可能还真是这样，很多尸体腐烂得特别严重只剩下了白骨，由于要

不同时刻拍摄的小女孩罗莎利娅

清理只好藏在墙壁里，据说这样也可以让灵魂安息。这也是欧洲的一些恐怖故事里经常会说墙壁里有白骨的根源吧。

当我走出这间八千具木乃伊墓室时，我看到了大街上在炸一种意大利式的油炸食物，类似面包圈，我也买了一个吃起来。当我吃完才想起来，我今天摸完了那些木乃伊却忘了洗手。这就是我的生活，我一直寻找着活着的价值，死亡我早已想明白。我经常对别人说，人活着最大的悲剧不是活着有多辛苦，而是死的时候并不清楚自己活过。

Croatia

克罗地亚

Lei'Adventures

the Lost Mystery Place

在食人鲨之口滑行

说起克罗地亚，很多人其实很陌生，不过近些年这个国家的影响力一下子又开始飙升。2018 年，克罗地亚男子足球队一下子进入世界杯的赛场，并且对战法国队，就连克罗地亚的美女总统科琳达也前来观战。克罗地亚人在赛场上的顽强拼搏也被誉为虽败犹荣。就这样，一支足球队把世界的目光又投向了这个人气本来不高的小国。如果要说克罗地亚是个小国，那么也是太小看它了。

克罗地亚位于欧洲东南部，首都萨格勒布坐落在萨瓦河西岸梅德韦德尼察山脚下。因为曾经是南斯拉夫联邦人民共和国的一个加盟共和国，很长一段时间这个国家也是被埋没的，加上贫穷和战争，更是无力提升国家的综合国力。那么，这个国家到底都有些什么可值得探索的呢?

在克罗地亚的最南部，有一个非常古老的城市叫杜布罗夫尼克。它建于 7 世纪，中世纪为杜布罗夫尼克城市共和国的中心，在亚得里亚海和东西方贸易中起过重要的中转站作用。我是从首都萨格勒布出发乘坐大巴前往这里的，一路上只能沿着克罗地亚的海岸线南下。有意思的是，中途我还要穿越另一个国家波黑，要想过去也必须在中途被波黑士兵检查，甚至不能下车，免得被波黑人认为是准备偷渡波黑。

来到杜布罗夫尼克，这里真的是一座保存最完美的古城。橙色的建筑，古老的大道，以及各种商铺和城堡，简直就是童话般的世界。最让人难忘的是，这座城市的旁边就是亚得里亚海。湛蓝的海色加上古老的城墙，相得益彰，如同情侣般相配。

亚得里亚海位于巴尔干半岛和意大利之间，长约 800 公里。这片海域是食人鲨的领地。在风景秀丽的海岸线上，它们神出鬼没地寻觅着血腥。经常有不知情者来到这片海域，最后被食人鲨无情地吞噬。鲨鱼的凶猛让当地人也无可奈何，只能直视其血染大海。居民和鲨鱼共同占有的这片海域，并吸引着无数冒险者前来与鲨鱼搏斗。

我来到杜布罗夫尼克古堡旁边的海滩，这里有好多人划着皮划艇在海面上嬉戏。在岸边售票处买票之后，我便穿上救生衣，脱掉鞋子，加入他们的行列。天

杜布罗夫尼克

气晴朗，阳光有些强烈，碧水、蓝天、礁石与游人的小船构成一幅惬意的风景画。一位皮划艇教练划船过来问我是不是韩国人，我告诉他我来自中国。他说经常有韩国人来这里游玩，却很少看见中国人的身影。

我在海面逗留了 1 小时之后，感觉有些疲倦，就把皮划艇划到岸边的一个山洞里。这个洞的空间很大，洞顶上不停地往下滴水，洞里还有一些在此休息的皮划艇游客。可能是没有陆路通到此处的缘故，游客们只能划船过来，所以这里的环境保持着原貌。稍微休整一会儿后，我再次起航。我开始向海的深处划去，但是越划越远，我开始划不动了，于是停在了海面上。这时海水出现了大面积的翻滚，我往水下定睛一看，原来是非常大的海洋动物，如同水怪一般在我周围环绕。我开始着急了，心想这到底是什么。就在这时远处的水面出现了几条鲨鱼的鱼翅，似乎离我越来越近。此刻我才明白，我立刻加速往岸上划去，用尽最后的力量，用自己的生命和鲨鱼打赌。

远处一轮金色的夕阳就要沉到海平面下，陶醉在日落美景中的我，哼唱起克罗地亚民歌《深深的海洋》，倾诉着我对这片海域深深的敬意，因为我看见不远处的鲨鱼消失不见了。我相信鲨鱼也是灵性的动物，知道我并不会伤害它们，或许是被我的歌声感染，最终选择离开。据说这片海域曾经钓上来过重达 1000 公

亚得里亚海上的大船

斤的鲨鱼，它们的存在给平静的亚得里亚海增添了惊悚，但同样激发了人们到此处冒险的欲望。经常有人问我，你去那么危险的地方难道不会出事吗？我笑着说，如果老天想帮助你，再危险的地方也会天险变通途；如果老天不帮你，通途也会变天险。人在做天在看，为自己留一条路吧，日后老天来清算。

克罗地亚的杜布罗夫尼克位于亚得里亚海旁边，是历史上有名的商业、海事中心。萧伯纳曾说过，如果你想看天堂到底是什么样子，那么去杜布罗夫尼克吧。爬到这座城市的一座山顶，找到一家别致的小旅馆，围墙外的鲜花在周围绿色植物的映衬下格外艳丽。推门而入，映入眼帘的便是挂在墙上的许多块奖牌，这不禁让我猜测，旅馆主人应该是一名优秀的运动员。卧室四周墙壁为淡黄色，屋顶为白色并且挂着一组吊灯，陈设整齐、简洁，一套橱柜靠着最里面的墙摆放。房间视野很好，从窗户可以眺望远处群山的风景，整体上给人一种轻松干净的感觉。橱柜里摆放着一些陶瓷水杯，上面刻画着精美的图案。墙壁上挂着一些风景画和旅馆老板家人的照片，再加上家具所凸显出的年代感，我推测这家旅馆应该是由老板的家改造而成的，一进来便有一种家的温馨。

把行李放在旅馆之后，我来到旅馆所在社区参观。在一处向阳的地方，一个意大利女孩坐在椅子上一边玩手机一边享受日光浴。我问她在西西里岛是不是有一座老教堂，那里面有很多木乃伊。她满脸疑惑地说也许有，还把我错认成日本人。在不远处有一个正在玩手机的巴西年轻女孩，我为了套近乎就跟她说巴西和意大利的足球是世界上最棒的，耿直的姑娘说现在德国比巴西更好。在社区里逛了一会儿，发现这里有好多水果树，比如橘子树、石榴树等，而且都是硕果累累，却没有人摘，这让我不免有些疑惑。

从社区出来，我漫无目的地走在街上，想通过这种方式来近距离感受这座城市。在两条街形成的“人字形”交汇点被垒砌了一段围墙，墙内的平地上种着树，树下放着许多红白相间的鲜花，我猜测可能是用于祭奠的。我发现，旁边就是一家花店，店里摆的各种花卉争奇斗艳。老板正在工作间修剪鲜花的枝叶，还叮嘱我不要拍照。从老板口中印证了我关于那些花的猜测。

我通过安检来到一座古城墙上游览，这里的特别之处就是在买票时工作人员已经给你算好时间，要求你在规定时间内参观，大概也就是绕一圈的时间。在我爬城墙台阶时，一个漂亮的、有东亚面孔的年轻女性从我身边经过。我跟她打招

亚得里亚海的日落

呼，问她是不是中国人，她对着我摇头，我猜测可能是韩国人或日本人。我转念一想就觉得不对，如果不是中国人，她又怎么能听懂我说的中文，而对我有所回应呢？想到这儿就觉得有点意思。

在意大利和巴尔干半岛上，古代也会涌入大量移民，不同的移民群体带来了不同类型的文化，所以这里形成了多种文化兼容并蓄的氛围。文艺复兴时期的大量珍宝就是通过亚得里亚海来到克罗地亚，因为这里有海上丝绸之路的重要港口。城内有许多古代遗留下来的蓄水池，原来是有两层的，第二层因为年代久远而坍塌了，现在只剩下第一层。这些水是从哪里来的呢？原来在城墙上有一些管道与蓄水池连通，每次下雨，雨水就会顺着管道汇集到蓄水池内。附近有一个克罗地亚的著名建筑——奥兰多石柱，它建于15世纪，表现的是一个抗击外敌的英雄——奥兰多。这里的一个钟鼓楼也引起了我的注意，钟室里除了钟还有两个青铜人，每到整点时，两个青铜人就会敲钟。

我在街边看到一个克罗地亚妇女在售卖各种蕾丝制品，它们全都是出自这位妇女之手。她还在现场向欣赏作品的人演示制作过程，她的朋友介绍说这是一种古老的蕾丝手艺。这种技艺传承令我内心泛起微澜。在一个小广场上，正巧遇见

在亚得里亚海上划船

一对新人结婚，摄影师在旁边拍摄，新郎的伴郎团和新娘的伴娘团聚在一起，整个现场好不热闹。

很多人总是问我哪里来的那么多钱，我觉得只要你有一技之长，人人都可以有一些钱的，就看你投资干什么。投资爱情总能收获些爱情，投资探险就能收获探险。我也非常懂得感恩，没有谁无缘无故的必须对你好。如果有人对你好，愿意给你报酬，那你就应该感恩于他。因为不知道感恩的人，人家也不会再多给你施恩。这个世界就是这样，没有绝对的公平，但是上帝会给我们很多选择的机会，就看你怎样选择了。此刻你的处境如果无法让你做出任何选择，也没有关系，那就顺其自然学会感恩，让你的人品决定你的未来吧。

失恋博物馆被封存的悲剧故事

在克罗地亚首都萨格勒布的上城，有一家世界上唯一的失恋主题博物馆。失恋博物馆建于 2006 年，在欧洲博物馆年即 2011 年被授予“欧洲最有创意博物馆

萨格勒布市托米斯拉夫国王雕像前

圣马可教堂

奖”。到目前为止，它已经拥有世界各地失恋者捐赠的展品 1000 多件。失恋博物馆内的藏品包括情书、订婚戒指、按摩油、小轮摩托车以及恋情过后留下的空酒瓶等。每件展品旁边都有捐赠者写下的说明文字，解释此件展品的来源和意义。创始人邀请人们提供恋爱纪念品及其背后的故事，希望用此方式让失恋者释怀和疗伤。与同是天涯沦落人的其他物主相比，自己的感情路也许并没有那么坎坷。

博物馆里最引人注目的展品莫过于一把斧子，它是一个德国人从柏林寄过来的，它的背后隐藏着一段颇有些重口味的故事。这把斧子的主人从来没有接纳过任何女性到自己的家里居住，直到他真正地爱上一个女孩，并把她接纳到家里。女孩住进来之后，带来了很多自己的东西，比如说，家具、衣服以及一些日用品。后来，这个男子因为工作需要得去纽约一段时间，遗憾的是他的女朋友却不能一起去，他只能独自前往。

令人没有想到的是，他这一走竟然断送了两人的感情。等他从纽约回到柏林，女孩告诉他，自己已经爱上了一个女孩，并且两个人准备到某个地方度假旅行。这个男子对女友的出轨非常愤怒，趁她外出度假，用斧子把前女友带来的所

失恋博物馆里的藏品

有东西全部砍碎。等前女友高高兴兴地度假回来，他命令她从他的家里搬走。这个女孩只得把这些支离破碎的碎片统统装进卡车拉走，同时也带走了他的回忆。

最让人感动的展品是一段视频，记录的是一位斯洛文尼亚老太太珍藏了60多年的爱情故事。第二次世界大战期间，她在为被监禁的人偷偷送食物时和一名士兵相遇，后来两个人一直通过写信联系。战争结束后的一天，士兵来到她的家乡向她求爱。她婉拒了对方，却把士兵给她的金币打成戒指戴在手上。这种因另类的分手而成就的友谊让人觉得有点凄美。

萨格勒布的市民

这个世界上有很多种庆祝方式，比如，纪念开学，纪念结婚，好像很少听说为了一段失去的恋情而去纪念它，因此这个失恋博物馆有着颇为特别的意义。

在博物馆外，我遇到了一个身着特色服装的少女。她撑着一把红色遮阳伞，手挎一个竹篮，篮子里放着精美的冰箱贴。她站在这里是为了吸引游客和她照相，每次收取 18 元人民币的费用。我问她为什么在两条辫子上系红丝带，她解释说这是她还未出嫁的缘故，等到结婚以后，就会把头发梳上去，然后把围巾戴在头上。在此出现的单身青年，从她这里获得了心灵慰藉。

失恋博物馆给我的启发很大。分手并不是说明你多好，我多坏，而是两个人共同努力的结果。如果他说爱你，那就一定努力做好自己而不要任性和猜疑；如果他说不爱你，那也不要死缠烂打，因为这些都是自己造成的。爱情并不是细心装扮就能成功，而是相互吸引。如果有一天真的分手了，那一定是自己不够完美。愿意面对分手，说明心中有爱，放爱情一条生路。

Poland

波 兰

Lei'Adventures

the Lost Mystery Place

奥斯维辛集中营的焚尸炉

奥斯维辛集中营是纳粹德国时期建立的劳动营和灭绝营之一，有“死亡工厂”之称。其遗址位于波兰第二大城市克拉科夫西南60公里的小城奥斯维辛，距首都华沙300多公里。曾经有100多万人在这一集中营被杀害，其中绝大部分为犹太人。

一个细雨绵绵的日子，我在克拉科夫登上开往小城奥斯维辛的汽车，准备探秘奥斯维辛集中营。随着汽车的行驶，奥斯维辛离我越来越近，一种恐怖感从心底油然而生。奥斯维辛集中营基本上是红砖建筑，经过数十载日晒雨淋，呈现出斑驳的年代感。集中营大门口的横梁上用德语写着“劳动带来自由”，而集中营内部却实施着灭绝人性的罪恶，这真是一个绝妙的讽刺。可能是出于对标语的不

奥斯维辛集中营的大门，上面写着“劳动带来自由”

满，有一个小偷在2009年把它偷走了。不满归不满，毕竟这曾是历史的见证，所以，这条标语还是被恢复到原来的样子了。它目睹了当年无数的“囚犯”被纳粹德国从外面的世界投入这个人间地狱。

1939年9月1日，德国入侵波兰，第二次世界大战全面爆发。1940年，纳粹德国在波兰南部小城奥斯维辛建立了奥斯维辛集中营，来自苏联、波兰、法国、比利时、荷兰、匈牙利、罗马尼亚、捷克斯洛伐克等30多个国家的受害者被源源不断地输送到这里。据统计，在奥斯维辛集中营存在的4年多时间里，先后关押过数百万人，有110万人被毒气、苦役、酷刑、饥饿、枪毙等方式剥夺生命，他们的尸体在集中营内堆成小山，因此，处理尸体成了纳粹分子的一个重要任务。

在通往焚尸炉的路口有一个警示牌，提醒游客前方危险，禁止入内。我却觉得这里面哪怕有一些病菌、毒气之类的东西，过了这么多年应该也不会有什么危险性了。这个焚尸炉从外观看上去是长方体，附近的地面上建有几个烟囱，它们都不是很高。试想一下，当时的“犯人”看到焚尸后从烟囱冒出的

奥斯维辛集中营

囚犯宿舍

焚尸炉

烟会有什么样的心理活动。通往焚尸炉的房间入口在旁边的楼里，现在已经用水泥封上了，我觉得可能是因为内部的环境会引起人们的不适吧。有些“犯人”被运到这里的时候其实还没有死亡，只是奄奄一息，但是仍然会被放进炉子里焚烧，生命最后的一丝尊严也被无情践踏。静静地站在集中营的角落，听着绵绵细雨，仿佛那些受害者依然还在被痛苦煎熬着。据说这里房间内的灯泡永远修不好、永远换不完，不知道是不是象征着死难者难以瞑目呢。

离开这里，我去探察了另一处焚尸室。它是一个灰墙黑顶的矮屋，色调昏暗压抑，旁边的房子原是一个停尸房，后来改成了一间毒气室。1941~1942 年，有大量的苏联战俘和犹太人在这里被杀害。走进停尸间（毒气室），可以看到屋子中间已经有人摆放好鲜花和蜡烛。四周是斑驳的墙壁，由于潮湿，墙皮不断脱落，墙上依然保留着当时的电源开关。

往里一直走就是焚尸室，里面还有几个焚尸炉，每个炉子一次可以放 2~3 个人，一个晚上可以烧掉 350 具尸体。炉子前面是运送尸体的轨道，轨道上停放着小轮车，焚尸者用小轮车沿着轨道把尸体推进炉子里。因为焚尸室从建立之日起一直在运转，一直在销毁杀人的罪证，所以墙壁被熏得黑乎乎的，令人透不过气来。室内的地面上还有下水道，尸体上流下来的血液和一些其他液体都是从这里排放出去的。尸体焚化之后，打开炉门的那一刻，死难者的灵魂也许已经在天堂找到了自由。

剥人皮的女魔头伊尔斯·科赫

进入波兰是乘火车前往的，坐的是优雅的卧铺，我沿途没有见到一个中国人。捷克开往波兰的火车行驶到荒郊野外已是夜里 3 点多，我做了一个梦，梦中有个女性对我说，你的帽子呢？我说我没帽子啊，她说你有帽子！你是不是丢了？然后我就醒了。我找了找的确没有帽子，当时的雷探长还没有戴帽子的习惯。但是这个梦让我印象深刻，我也一直琢磨这个梦是不是对我有什么启示。

帽子的事情放在心底，来波兰参观灭绝营才是重点。克拉科夫是一个不太发达的古老城市，但是有一种东欧的大气，民宿也是大楼房。这里的楼房楼梯宽敞，只要配一个看门大爷就都解决了。但是“二战”时这些楼房可到处充满了紧张与恐怖的气氛，很多人被抓走，被抓到附近的集中营。“二战”期间纳粹德国开始在欧洲大规模建造集中营。1940 年起，无数受害者成了苦工和人体实验品。集中营四周有两道电网和一道围墙，每道电网由两层组成，内设哨所看台，可见想要逃出纳粹分子的魔爪是多么的艰难。很多犯人想方设法逃跑但最终都失败了。我看到在一条通向集中营内部展馆的路上放有一个花环，这是为了祭奠在集中营里死难的犹太人的亡灵。

纳粹德国战败投降后，同盟国开始着手对战争罪犯进行审判，以惩罚他们在战争中犯下的罪行。纳粹头号女战犯伊尔斯·科赫受到越来越多人的指控，她的主要罪证既不是凶器也不是杀人数字，而是精美的人体工艺品，其中包括钱包、书籍封套、内脏标本以及缩小的头颅，最令人震惊的当属人皮灯罩和人皮画。伊尔斯·科赫只要见到身上有文身的年轻男子或者皮肤光滑细腻的男人，就会将他们杀掉，并立刻通过注射的方式剥掉人皮，然后制成人皮工艺品。

传说中的人皮灯罩

这里的一些画作就表现了囚禁在这里的人们的痛苦，他们痛苦无助的表情让人不寒而栗。在集中营的玻璃展柜里放着犹太人穿过的囚衣，每套囚衣包含上衣、裤子和帽子，每个衣架上挂着一套囚衣，仿佛一个囚犯站在那里。成百上千的衣架给人的感觉是浩浩荡荡的囚徒队伍在缓缓前行，而展柜的背景墙上则贴着囚犯们身着囚衣的黑白照片。

走出展馆，我来到原来德国军官的居住区，这些房子都是红砖加水泥建造的两层楼房。从这里向四周望去，可以看见连续的铁丝网和每隔几十米修建的一座座岗楼。当时的纳粹德国士兵就是站在岗楼上执行守卫任务，防止内部的囚犯逃跑，集中营的防卫程度可见一斑。挨着营房的是一片低矮的木质房屋，它们是犯人们的集体宿舍。房屋内部昏暗、潮湿，居住条件很差。宿舍里面分成几个小房间，每个房间里紧凑地摆放着一排上下三层的木床。据我估计，每张床上睡 6~8 人，可以说是比较拥挤的了。我看到一张床上不知道是谁放了一朵鲜花，可能是表示对逝者的悼念。

集体宿舍里有一个区域是公共厕所，在一个比较小的区域，分布着许多圆形便孔，排列相当紧密，每两个便孔之间的距离仅能容纳一只脚，如厕条件相当恶劣。用来取暖的烟囱直直地从房间的一边通向另一边，在烟囱的灶口处燃烧一些燃烧物来向房间内供暖。灶口上面放着三朵白色的小花，这是在向生命致敬。我站在集中营的集体宿舍里陷入沉思，一幅画面浮现在我的眼前：睡梦之中，纳粹分子打开宿舍大门，强行拖走挑中的囚犯，其他人望着被带走的人，内心是慌乱的。但是他们无论如何都不会想到，从这里走出去面临的将是一条不归路，其中一些人可能被剥掉皮肤，也可能被摘取脏腑器官制作成标本，给周围大学作教具。

据说像这样的集体宿舍一共有 300 个，但是现在大部分已经被毁坏了。当时很多犯人在睡梦中被叫醒，纳粹分子欺骗说要带他们去洗澡，还告诉他们浴室里会提供一些服务，然后将他们带到毒气室。当大家被带到“浴室”的时候，发现这里空间狭小，心里有些疑惑，等到毒气设备打开的时候，才恍然知晓已经进入了毒气室。想要逃离，但是大门已经被锁上，他们不得不在这里痛苦地窒息、死亡。

所有罪恶的结局都是相似的。“二战”结束后，很多战争罪犯被处以绞刑。1947 年，柏林美国占领区当局组织的军事法庭以谋杀等罪行判处伊尔斯·科赫终身监禁。1952 年 4 月 22 日，西德联邦法院驳回了她的上诉。1967 年 9 月 2 日，伊尔斯·科赫在单人牢房中上吊自尽。沾满鲜血的刽子手终于受到她应有的惩罚。

我在克拉科夫的老城区徘徊，这里的人民非常热情。这里到处在卖一种叫“maslane”的面包圈，只需要人民币 4 角左右。这些本来在中国咖啡店很贵的东西，其实在国外都是“大白菜”价。

在犯人的身上刺青

在广场上有一位穿着波兰民族服装的老奶奶在卖纪念品，她教我说波兰语“可汗克拉科夫”，意思就是我爱你克拉科夫。一位名叫亚则克的年轻人在这里弹着吉他，他留着长发很有古典气息。他送给我一张 CD，这是他出售的东西，他靠这样边演奏边卖 CD 的方式生存。他说他用吉他改编过《花木兰》的音乐，可见波兰人是一个热爱音乐的民族。

我拐进一家古玩店，这里是卖旧物的地方，有旧台灯，有旧桌子，有老照片，但是老板娘不让我拍，于是我先笑嘻嘻地冲老板打招呼。经过了解，原来这是一家犹太人的店铺，老板娘也是犹太服装设计师。我发现店里有一顶帽子很特别，就询问老板娘，她说这是一位犹太人的遗物，他曾经被关押在奥斯维辛集中营，他非常渴望自由，但是他没有逃过纳粹的魔掌，最后只留下了这顶帽子。听到这个故事我非常感动，我很想买下帽子做纪念，老板娘开价 120 兹罗提，相当于 200 元人民币，我和她砍价，她和我谈了半天东西的价值，不肯降低价格，因为我钱也不多，最后我们 20 欧元成交。

当我戴上帽子的时候，老板娘连连称赞，她说所有戴过这顶帽子的人中你是最适合最好看的。我也发现这顶帽子一改我往日的风格，好像多了一份使命一样，从此我的装备里多了一顶帽子。就这样在以后的数年间，我到世界很多地方都戴着这顶帽子，它陪我去过青木原树海，也陪我去过阿富汗、巴基斯坦等地方，我网络头像的手里拿的就是这顶帽子，这就是我的帽子的由来。

Denmark

丹麦

Lei'Adventures
the Lost Mystery Place

我眼中的童话

大家了解我是因为知道我是个旅行家或者旅游达人，其实我觉得这些称呼都不准确。其实我是一个纪录片导演，是一个讲童话故事的人。我的童话世界不仅仅是王子和公主生活的地方，而是一个展现了普通人的人生百态的地方。我喜欢记录那些活生生的人的故事，没有摆拍，也没有官方似的提问，这一点可能和两百年前的安徒生很像。为什么要记录那些活生生的人呢？我觉得我们从小都是平凡人，并非圣贤，也有恐惧，我们要先了解自己。成长的本身就是通过对世界的认知，通过观念的碰撞，最终转化成自己的心智成熟。

很多事情其实不经历是不知道的。比如中学生认为上了大学就轻松了，可是上了大学又觉得上了班就轻松了，后来上了班又觉得多拿工资就轻松了，多拿了工资又觉得自己创业就轻松了，自己创业才知道太苦太苦了，当了老板后的工作量是普通人的十倍都不止，于是开始怀念中学时代，那个只需要吃饭和学习，单纯得仿佛没有人情世故的年代。人生的轮回就是这样。所以我经常告诉年轻人，不要和比你大的人比，也不要和比你小的人比，要和自己的同龄人比，看看他们过得好不好。

有一次在旅途中我遇到了一个比我年龄大的大哥，他很羡慕我满世界到处跑，但是也酸溜溜地提醒我："你年龄大了就知道什么叫上有老下有小了。"意思就是说，别看你现在可以到处玩，以后你就知道养家的滋味了，就没那么自由了。我感觉这种想法是那个年纪的人对自己境遇的抱怨。其实我早就看开了，没有谁比谁幸福，每个人的命运都是和自己的国家还有时代相挂钩的。20 年前，我的周围根本没有人出国旅行，出国旅行一般人想都不敢想。后来又有人抱怨中国护照是世界上最不好用的护照。如今，很多国家都对中国免签，一上飞机就能看到很多中国家长带着几岁的孩子出国去体验异国风情，出国已经和串门一样方便。这就是时代的进步，没有可比性。

和不同辈的人相比较只会不开心。同样，年轻人羡慕中年成功人士的财富也是没有意义的，还不到那个阶段和那个程度。但是有一种是可以比的，就是给自己定一个目标或者崇拜的偶像，这样向着更高的方向去发展，其实每个成功的人都是这样走过来的。向往是一种无止境的夙愿，只有经历了才能发表意见。没有结婚的人特别向往爱情，一般都觉得结婚是爱情的归宿；结婚的人如果婚姻不幸福，又觉得单身生活让人向往。所以每个人的处境不一样，就造成了对人生的理解不同。

很多人觉得雷探长到处撩妹，撩遍世界。其实我至今从来没有谈过恋爱，也不懂恋爱，可能都是别人喜欢我吧。我特别喜欢把时间放到工作上去，去赚钱，去制造东西，我很早就开始做导演赚钱。我是个不合群的人，但是也不是说我孤独，即使孤独也不是寂寞，而是一种选择，这是我选择的生活方式。那些女孩看重我什么呢，我觉得还是因为我比较尊重女性吧。

记得有一次我带一位驴友坐阿联酋航空的飞机。了解阿联酋航空的都知道，飞机上的空姐来自全世界，阿联酋由于自己国家福利高，本地的“土豪”都不愿意干活了，于是聘请其他国家的人来打工，所以被称为世界最著名的“打工胜地”。刚上飞机，和我一起的驴友看到一位非洲裔的空姐，他连忙评价：“真是丑爆了！”天哪，他怎么会这么说，素质太低。我连忙教育他，要看到人家的美，要有审美能力，人家是“黑珍珠”，你这么大声多不友善，一点也不绅士。和他在一起我好掉价。

不止这一次，当我在节目里和棕色皮肤的孟加拉女孩共同入画一起交流时，结果就有评论说：“连棕色皮肤也撩。”我觉得这种评论已经上升到种族歧视了，完全是一种没有文化的评论。如果你看女人只看外表美才是美的话，这也是歧视，因为你把女人看得太肤浅了，女人的自信来自外表，但女人的自尊来自灵魂。

为什么总有人这么看低别人呢？这个世界上自杀的人大部分也是为了满足自己的控制欲，因为比起求生，自杀更容易满足自己的控制欲。人类有求生欲，也有控制欲。日常中人们非常需要满足自己的控制感，所以歧视就是最好的发泄方式。人类希望团结，但是又愿意标榜自己的不同，人们都赋予自己一个想象中的优良物种的形象，所以就诞生了歧视。

“这个国家好差”“她真黑”“他好丑”有这样歧视言论的人都是从想象中获得了控制欲。在他们眼中“其他人都不行”，这是一种在无法满足自己控制欲后的另类想法。如果人家已经说了自己生活得很富有很美好，那么最好的办法就是先去相信，这是尊重。如果翻来覆去的不相信，就是一种歧视。

我的童话世界就是一个现实的世界，我也是一个现实主义者，我喜欢拍那些平民，有人妖、妓女、黑社会老大、残疾人等。看看他们奇妙的故事，联想我自己的经历，我从不歧视任何人，因为我曾经也被歧视过。中学时语文老师非常不喜欢我，可能我嘴笨不会讨他高兴，但是我又特别有自己的见解，尤其写作文我会按自己的想法写，这一点让他更讨厌我。

比如有一篇《雷雨》的课文，上课时老师让学生分析繁漪和周萍的人物关系说明了什么，很多人不回答。我现在觉得可能当时大家都还小，真的什么都不懂，这个故事和自己当时那个年龄段经历的事情没有任何关系。当时我特别想说两句，我想举手，但是周围没有同学举手，这就意味着我举手就是不合群的，会被嫌弃的，我还是想举，我特别想发表自己的看法，于是举了起来。老师虽然不喜欢我，但是没有别人可选，还是让我起立回答了，我说："繁漪和周萍相爱，说明他们渴望自由，是叛逆的，是这个家庭最美好的一对恋人，我很支持这两个人在一起。"听了这个发言后大家哄堂大笑，老师把脸拉得和长白山一样长。

我问同学我答得好吗，旁边同学赶紧告诉我，书后都有正确答案的，你这么说，老师肯定不高兴啊。我再看周围的同学一个个都看我一眼就转过去脸，显然是要和我划清界限。是的，这不是我的错觉，每个心思细腻的人都是敏感的。我翻了一下书，正确答案大概为："是对封建性资产阶级家庭的残酷和腐败的真实的写照……"总之就是各种封建，各种腐败，只要抓住这两点怎么答都对。这就是答案，我看后非常失落，因为我没有回答正确。全班只有一位女生很支持我，告诉我就该有自己的想法。其实别看这么一件小事，这影响了我成年后的很多选择。

我是个非常叛逆的人，敢于挑战，敢于承担，我不怕变成小丑，我就怕我的童话没有故事。我也没想到我的纪录片做了很多集，我的书也在全国发行，读者遍布海内外。

什么是童话，我觉得就是要告诉孩子残酷的现实，古往今来的童话其实都是想表达这个内涵，可是后来都被曲解了。告诉孩子现实的残酷有什么好处？比如一个孩子上了动车哭着闹着非要坐在靠近窗口的座位，但是窗口的座位已经有人坐了，这个时候即使这位乘客愿意换座，父母也不要答应，不要迁就孩子。一定要从小告诉孩子，这世界上有些东西本来就不属于你。

很多人为什么没有理想？我觉得他们一定是没有见过大场面和大人物。人的改变都是因为参照了别人，人学会打扮自己也是为了模仿更漂亮的人，家长要尽其所能提供孩子从小接触大人物和大场面的机会，而不只是让孩子看电视，这样孩子才会把理想的种子种得更早。很多大学生大学的时候乱选专业，为了上大学而上大学，毕业后又不知道干些什么，就又开始乱投简历，乱换专业，然后浪费了大把时间，直到 30 岁还在人生的十字路口选择、徘徊、迷茫，这都是理想教育的缺失造成的。

早期的童话其实都是现实主义题材。人都有一种邪恶的心态，但是藏得很深，隐晦地告诉了小孩子，只能用童话故事讲，可能才讲得通。童话多半都源于残酷的现实。雷探长特别喜欢讲人间的童话故事，希望无论成人还是孩子都能从中受益。这个世界有很多残酷需要我们去面对，但是只要心中有童话，世界依然还有一丝善意。

人的成长有时候就像小红帽一样，一方面听从母亲的意见不轻信陌生人，但是另一方面也放弃了成长的试错机会，让自己不敢去尝试。在童话世界中，长辈起着非常重要的教育作用，最好的教育其实就是父母的言传身教，父亲对母亲的爱就是对孩子的爱，父母对长辈的爱就是未来孩子对自己的爱，这是潜移默化的教育，而且是非常现实的教育，不用讲任何大道理。如果要让孩子真正成长，不妨试着把这世界现实的一面，展示给孩子看吧。

克里斯蒂安那自由城

众所周知，雷探长的节目专门喜欢探索奇闻逸事和未解之谜。世界上的恐怖之地我还真去了很多个，这个世界上还真的存在一些可能有去无回的地方，比如说索马里、叙利亚，但是也有一些并非战乱的国家，也被誉为最危险的地方。此刻我要说的这个地方就是位于童话王国的丹麦。

哥本哈根的新港

说起丹麦，人们首先想到的可能是安徒生的童话王国，还有莎士比亚笔下的《哈姆雷特》的主角丹麦王子。丹麦首都哥本哈根蕴藏着神秘，也隐匿着罪恶。12 世纪之前，哥本哈根还是一个默默无闻的渔村，之后建立港口让哥本哈根逐渐成为当时北欧重要的贸易中心，而安徒生的诞生也让此地被冠以童话王国之名。安徒生的童话作品都给人以美的享受，但安徒生的一生并不美好，充满了贫穷和坎坷。雷探长潜入童话王国，为你揭开这座城市里隐藏的危险角落。

很多人认为探索哥本哈根哪会有什么危险，人家福利那么好，去那里能报道什么。其实任何国家都有富人也有穷人，谁说哥本哈根就一定是富人居住的地方呢，不过大家这么认为也是有理由的。来看看丹麦的福利，老人 65 岁就可以开始享受国家的养老金，无论是否有工作凭借医保卡都可以享受免费医疗保障，青少年还有津贴，每个从出生后直到 17 岁的孩子每年可以获得 3255.5 美元的津贴。失业救济金也很高，丹麦的失业率比较低，这里也是全球失业补助最高的国家，前提是需要政府鉴定其为一名合格的失业者，在过去 3 年里工作了 52 周的失业

小美人鱼前留影

者，就可以在未来两年里领取过去平均收入 90% 的津贴。

看到这儿是不是觉得在丹麦不工作似乎也是一种生活方式呢，似乎这样想也很有道理，因为在哥本哈根真的有这么一群人，不工作却也能活得很自由。其实不工作有时候也会憋出病的，说不定又弄出什么事情来。今天雷探长就带你逛一逛哥本哈根失业者的聚集地——克里斯蒂安那自由城。

这个名叫克里斯蒂安那自由城的地方，与童话世界真的格格不入，很难想象在丹麦这个童话般的国度会有这么一处不法之地。相比它更应该出现在那些政府无法干预的地区，或者是那些现代文明不曾抵达的部落。这个占地 34 公顷的乌托邦由上千居民共同管理，他们由嬉皮士、流浪汉、无政府主义者、艺术家和社会边缘人士组成，他们赶走毒贩和瘾君子，禁止机动车和摩托车进入，抵抗政府监管。

克里斯蒂安那自由城位于哥本哈根东南角，这个地方原来是一个海军军事基地。后来海军撤走之后，一些无政府主义者还有一些嬉皮士占领了这个地方。

很多人告诉我千万不要打扰这个地方和接近这个地方，这里的人都是无业游民，且有暴力倾向，要是被打了怎么办。被打已经不止一次两次被人猜测了。我是一个喜欢追求真实的人，在我眼中如果被打也是一种经历，是探索的过程，可遇而不可求。不过在被提醒的事情中，不要拍摄是一个关键问题。这些无业游民可不希望被拍摄，因为他们可能干着见不得人的勾当。

当我缓缓接近这个自由城的时候，首先在阴云密布下看到长长短短的小区围墙，这些围墙有的围着居民楼，有的围着小木屋。这些围墙上有很多嬉皮士喷绘，感觉这个区域充满了“流氓”的气息。这些喷绘一下子勾勒出这个地方的特色和人群特质。我特别担心我的拍摄会不自由，会突然有人蹿出来因为我的拍摄而对我大打出手。还好是白天，如果是晚上，这里会变成抢劫的重灾区。

来到克里斯蒂安那自由城的外围，这里没有任何地标，全是大大小小的房子而已。我顺着马路一直走，分析这一带的情况。这一带住着一些神秘的人，因为他们的小别墅很古怪，木头做的，烟囱里冒着滚滚黑烟。这块小小区域和高雅的哥本哈根相比，一点都不相称。这里能被外界接受，实在让人惊讶。这一切又好像在情理之中。破旧的建筑物，各种风格的涂鸦，废旧物做成的艺术品，将我带入了这个完全不像童话的嬉皮世界。

当然这地方也有高大上的区域，在这个“自由城”的尾端有一个马场，很多受过教育的女孩在这里学习骑马。另一头就深不可测了，在这儿可以看到很多摆放艺术品的房子。房子的外面是个小院子，不是用来养花，而是摆有很多小工艺品、小雕像，简直就像七个小矮人的家一样。有的小木屋门口外面摆了很多画，像个画廊。于是我举着摄像机向这个似乎是画廊的房子走了进去。刚一走进去，老板非常高兴地打招呼，“你好。”我也说：“你好。”然后看到屋子里有一些似乎已经做好的画，我问老板：“这些画是要卖的吗？”“嗯，是的。”老板说。当我把摄像机对着老板时，老板很不高兴地说：“请不要拍照，你走吧。”我再问什么他就都不肯回答了，他只说你走吧。我看到这位老板的长相很有特点，毫不夸张地说很憔悴，肥大的眼袋，有红血丝的眼睛，邋遢的穿着，能看出年轻时是很好看的，此刻却充满了颓废的气息，似乎被什么束缚着。

我失望地走出了他的房间，没有抱怨，毕竟这是他的地方。我继续往前走，路上遇见居民也都打招呼，他们也会回应，但是看到摄像机就不高兴了。这个过

克里斯蒂安那自由城里的涂鸦艺术

程非常不顺利，感觉他们一个个都隐瞒着什么，有点排外。难道这里什么都拍不到吗？就在这时我看到马路上的一个木板房子，上面只用石棉瓦给搭了个顶，非常的单薄，似乎风一吹就倒了。我往里面张望，内部都是一些废旧的衣服和物品。房子里有一个穿着非常简陋朴素的瘦高个男人，从这个人的外观看，简直就像个流浪汉。他在里面翻着各种衣服和杂物，就像一个收破烂的人。

这位有意思的“拾荒者”见我来了微微一笑，我问这些衣服要钱吗，“不要钱，这里面有你需要的东西可以直接拿走。”他又接着向我推荐说：“朋友你穿的这件夹克很暖和，只是没有我穿的这件羊毛的好，你想试一下这件夹克吗？羊毛的哦，很结实能穿很久的。”“很结实？”“是的，你试穿一下，喜欢就拿走好了。”我说：“不了，谢谢。”这里边的衣服原来是不要钱的，如果谁想拿就可以拿走。我看到这间木板房里什么都有，比如不用的靴子、拖鞋、高跟鞋，还有毛衣，甚至运动裤。从他的穿着能看出这是一个没有固定工作但从事自由职业的年轻人。

我开始往这座“自由城”最难到达的地方探索，墙上的喷绘越来越多，可能快要接近“艺术家”领地了。艺术家在这里自由创作，为了解决温饱也会搞一个美术工作室，出售油画。这时我看到一个工作室正在营业，于是就走了进去。工作室里有一位长发男子和我打招呼，他看我拿着摄像机马上问我是干什么的，我说我是旅行的，另一个人问我只有你一个人吗，我说是的。对于他们的提问我并不在意，但他们非常的紧张和担心。

克里斯蒂安那自由城里的无业游民，靠救济为生

他们突然严正地警告我，“在克里斯蒂安那你这样拿着摄像机胡乱拍摄会有危险。不要在广场那边拍摄，如果拍摄，他们会砸掉你的摄像机。立刻砸掉，没有

警告。”“那里很危险吗？”我问道。老板非常形象地比画着告诉我，“他们会抢走你的摄像机，掰断它。”我说：“这里真的不安全吗？”“不安全，你不应该拍这里，不要太深入，尤其我现在正给自己上供呢，你懂的。”他所说的“上供”隐晦让人摸不着头脑。

我非常感谢他们的提醒，虽然他们是自由艺术家，外表看着也不温柔，但是内心还是很善良的。临走时我给了他们一个我带来的小礼物，就是中国结。很多人问我为什么总是送中国结，中国结代表了中国人最美好的祝愿，同时避免了给钱之类的尴尬俗气，又便于携带，这是个非常好的选择。他们把我送的中国结挂了起来，我非常高兴。

出了门，他们估计不会想到，我还是要对他们口中的这个广场一探究竟。这里究竟是个什么地方，我心里其实很明白。他们给我的提醒非常正确，但是我总要有自己的想法。既然来到这里，我也要对这个地方做一些了解，不然会后悔的。我往前走也看到了墙上的警告牌，上面有禁止拍摄的 Logo，这个对我影响很大。一个广场怎么搞得像军事重地一样，一般在一些军事禁区才会有这样的提醒。

于是我收起摄像机走进广场，我看到很多人在搭有棚子的桌子前吃东西和聊天，非常轻松，有说有笑。但是空气中弥漫着一种古怪的味道，我大概看了一下，没觉得有什么不自然，周围的人也在这里随意行走。我爬上附近的一个制高点往下看，这里就像一个休闲广场，人们可以点需要的东西，旁边还有一个舞台，一看就是开演唱会的地方。这里的人吸着特殊烟草，喝着酒，宛如是在梦想的乌托邦世界。我走下广场的高地，开始向核心区域探索。

这个广场的四周有很多棚子，棚子里贩卖的东西标出了各种口味，但是这里的买卖方式非常的低调。我突然明白这不是单纯的东西，而是 marijuana（大麻）。众所周知这是一种毒品，在世界大部分地区都是禁售的。欧洲只有荷兰允许。

为什么吸食这样的违禁品会对人体有害呢？就拿男性来说，尤其对男性的生殖功能有影响，其中所含的四氢大麻酚（THC）与睾丸素结构类似，少量地摄入就会影响体内睾丸素的水平、减少精液体积、降低精子活动度、使精子异形率增加，数目减少。对于女性来讲，大麻可以降低卵子质量，并干扰正常的排卵过程。吸大麻的人其阴道分泌物中也会含有少量的 THC，精子与其接触后活动度

克里斯蒂安那自由城——大麻摊位

会受到严重影响。可是这种毒品在克里斯蒂安那自由城售卖是不违法的，因为这里是“自由城”。

我拿出了手机，准备偷偷把这些交易的场面拍下来。我刚刚拿出来没多久就过来一个彪形大汉，对我说：“先生，把你的手机给我看一下，你是不是拍照了？”我当时紧张坏了，但还是淡定地说没有，于是他翻了翻我的手机，没有找到什么内容就走了。这个过程真的太刺激了，真是怕什么就来什么。要是真的发生了什么，就真的应验了前面提醒我的人说的话。

在这个谜一般的乌托邦世界里，有它自身生存的法则。随处充斥的灰色烟草交易，令人眩晕的印象涂鸦，自由而克制的自我放纵，会让人瞠目结舌。我始终如履薄冰。这个城市似乎连空气都弥漫着灰色烟草燃起的迷幻香气和空虚梦境。当我走出克里斯蒂安那自由城时如获重生。住在自由城的人其实大部分都是和这些灰色烟草息息相关的。他们怕被人知道，不愿意被拍照，所以宁愿隐姓埋名，不见天日，如同生活在一个黑白颠倒的人间地狱。但愿这个世界不再有人触碰这些毒害人心的烟草，每个人都应该有更高的追求。

Azerbaijan

阿塞拜疆

Lei' Adventures

the Lost Mystery Place

拜火教神庙永不熄灭的圣火

通过希腊神话，我们可以发现阿塞拜疆这个国家与火有着不解之缘。我曾经给大家讲过一个故事，在古希腊神话里，最早的人类没有火，大地一片黑暗，人们也只能生吃食物。普罗米修斯冒着生命危险从天神那里盗走了火种，送给人类。但是被宙斯发现后，为了惩罚他便把他绑在高加索的大山上，让一只老鹰每天啄食他的肝脏。普罗米修斯因盗火给人类而饱受痛苦。

这个故事很有深意，一方面解释了火是怎么来的，另一方面好像说火和高加索有着千丝万缕的联系。千百年来人们一直在讨论希腊神话的真实性，我想人类的祖先一定知道些什么，所以才这么写故事的。

巴库的地标火焰塔

巴库钻井塔

怀着对古希腊神话的敬畏之情，我终于踏上了高加索的土地。这里确实很多地方都能看到火，比如烈士陵园里的长明火，拜火庙里的圣火，又或者泥火山。阿塞拜疆的首都巴库绝对是高加索地区地理位置最好的一座城市，这里有欧洲的时尚、土耳其的古朴、迪拜的奢华、伊朗的神秘。这个所谓的泥火山在巴库附近。这里是一大片滩地，地面上有许多凸起的小山丘，顶部有孔洞向外喷射一些气体，并且涌出黏稠的泥浆，成沸腾状。据当地人介绍，这些泥浆涂抹在皮肤上能起到养颜的效果，那些气体是天然气。

我尝试着用打火机在孔洞里打火，神奇的一幕出现了，孔洞里果真燃起一团火焰。这也反映出阿塞拜疆的天然气资源非常丰富。在古代，阿塞拜疆人就已经发现这个地区的地表泄漏天然气，会有明火产生，但是受限于科学知识的匮乏，当时人们并不知晓其中的缘由。

漫步在巴库靠近里海的地方，我看到一个体形巨大的摩天轮在慢速地转动着。阿塞拜疆并不是一直沉睡在历史当中，它在现代化的大潮中以自己的方式前进着。我跟三三两两的行人走在一条小街上，顺着街道向远处望去，一栋极具现代风格的建筑物映入眼帘，这便是巴库的地标建筑——火焰塔。

它屹立在里海岸边的高地上，俯瞰着里海与巴库市。塔身于2007年开始建设，2012年竣工，耗资3.5亿美元。楼体设计成曲线优雅的火焰状，展现出巴库人民对火的崇拜。火焰塔的整体建筑由三座独立的大厦组成，分别为五星级酒店、豪华公寓和写字楼。夜幕降临后，三座建筑的外观就变成巨大的显示屏，它们使用超过1000瓦大功率的LED灯，通过流动画面讲述阿塞拜疆的昨天和今天。

火焰塔的不远处是巴库烈士陵园。该陵园是为了纪念苏联解体时在巴库发生的骚乱和在与亚美尼亚的战争中牺牲的人们而建的。牺牲的烈士中有夫妻、外国人、未成年人。纪念碑是一座圆顶空心建筑，四面有门，中间有熊熊燃烧的火焰，供应燃烧的能源是通过管道输送到此的天然气。

在波斯语中，阿塞拜疆就是火的国家，由此也不难理解这个国家对火的崇尚之情。

巴库没有唐人街，但是我在28MAY地铁站附近发现了一家名叫长城饭店的中餐厅，这着实有些不容易。我决定进去体验一下中餐的口感如何。推门而入

火祠

后，老板非常热情地招呼我，并且说他看过我在印度和日本拍摄的视频。餐厅老板姓包，是浙江人，来阿塞拜疆已经有 11 年之久，当时是和妻子一起过来的。我听说，来阿塞拜疆工作的华人最多一般不超过十几年，由此可见包老板属于比较早的那批人。据老板回忆，当时想来巴库做生意，签证很难办下来，阿塞拜疆驻中国大使馆不给签证，他们都是通过第三国给签进来的。老板还表示，刚来的时候，巴库的整体发展水平较低，买了车也不敢开出去，担心开出去就找不回来了，不过最近几年发展很快。

我看到餐厅里的服务员都是阿塞拜疆人，他们穿着中国的民族服装。在厨房门口看到里面有四个厨师在紧张地忙碌着，我发现这些厨师是清一色的中国人。听老板说曾经培养过本地的厨师，但是性格和中国人不太一样，没法长期稳定地工作。赚到一点工资就出去挥霍了，没有中国人踏实。使用中国厨师虽然成本较高，但是也能更好地保证菜肴的中国风味。我对包老板说，这里的菜肴完全是中国的味道，就像在家里吃一样。他表示这就是他们想要达到的效果。包老板盛情款待了我，在此再次向他们夫妻二人表示感谢，感谢他们让我在异域他乡体会到

泥火山

巴库烈士陵园

家的感觉。长城饭店是巴库唯一一家华人饭店，饭店主人及工作人员见证了阿塞拜疆从封闭到开放的历程，也把华人的友谊和微笑留在了新丝路人们的心中。

为了进一步探明阿塞拜疆人与火的历史渊源，我来到了巴库附近的火祠。它的四周建有围墙，墙高目测有 5 米左右，墙外有两个简易房间用来售票。围墙里的院子中央有一座长方体形状的建筑，四面有门相通，中间的梯形高台上面燃烧着昼夜不息的火焰，不远处的一个圆形高台上面也燃着长明火。以前，这些火焰都是由自然释放的天然气燃烧而来，后来因为天然气枯竭了，这里的火焰就一下子熄灭了。于是，人们不得不修建天然气管道，将其他地方的天然气引到这里来继续保持火焰。

大家可能想问什么是火祠呢？据说，火祠是印度教湿婆派膜拜火的地方，湿婆派以火为图腾。这里曾经拥有丰富的天然气资源，人们看到天然气释放的地方有火焰冒出，但不知道这些火是从何而来，便以为是天神显灵，从而发明了拜火教。而拜火教的中心在伊朗。

我在院子的中心还发现一座庙，中间燃烧着一堆火。庙的顶部四个角还各有一个烟囱，烟囱里向外喷射着火焰。这个建筑具有明显的伊朗特色。据了解，拜火教的信徒是这样修行的：如果他们诚心拜火祈祷的话，会不进食，最后变得骨瘦如柴、弱不禁风。当然还有一些人会“画饼充饥”，手中拿一个苹果，然后在火上烤，认为这样可以吸收火的灵气与力量，让自身强大。

火是我对阿塞拜疆最初的印象，非常美好。这里的人生活似火，热情似火，追求似火，从古至今如同火焰般燃烧着，至今没有熄灭。

体验奢侈的生活——石油浴

12 世纪，一部分受波斯文化影响的突厥部族进入高加索山脉东南部和里海西南的一大片地区，逐渐形成了今天的阿塞拜疆民族。阿塞拜疆位于高加索东南部显赫的位置上。它南邻伊朗，北靠俄罗斯，西接格鲁吉亚和亚美尼亚，自古就是陆上丝绸之路的必经之地，也是世界上的石油储备大国。尽管如此，这个地区却一直被人们认定为战乱国家，可见对它不甚了解。我乘坐飞机在深夜空降阿塞拜疆，将为大家揭开一个个不为人知的丝绸之路上的谜团。

巴库是阿塞拜疆的首都，我这次的旅程主要在巴库地区展开，通过巴库展示这个国家独特的风土人情。在巴库的街道两侧的建筑都带有明显的伊斯兰风格，这也从侧面反映了这个国家的宗教信仰。我看到远处一根旗杆上的阿塞拜疆国旗迎风招展。国旗呈长方形，长宽比为 2∶1，旗面自上而下由浅蓝、红、绿色三个平行相等的长方形组成。红色部分中间绘有一弯新月和一颗白色八角星。每种颜色分别代表着不同的含义，蓝色是突厥人的传统颜色，红色代表短暂的生命，绿色则代表伊斯兰教。星月表现了该国以伊斯兰教为主要信仰，其中的八角星是高加索地区特有的图案，象征八个不同的民族。在阿塞拜疆的民族构成中，阿塞族占据总人口的 90%，是这个国家的第一大民族。

一家果蔬店吸引了我的注意，门口摆放的新鲜玉米颗粒饱满浓密，靠近时你会闻到一股玉米的香味。根据这些优质的玉米，我推断这里应该是以玉米作为主要粮食作物。屋内摆放着各种新鲜的时令水果和蔬菜。热情的大叔用水果刀插着一块西瓜请我品尝，西瓜甘甜可口。

苏联解体后纳夫塔兰留下无人经营的工厂

接着我来到一家卖酒的商店，货架上摆放着琳琅满目的酒，其中，杰克·丹尼就有小瓶装和大瓶装等不同的规格，价格比较便宜。我突然想到，在信仰伊斯兰教的中东国家是不能喝酒的，不过这里为何可以饮酒？带着好奇，我询问了店主，他告诉我穆斯林是可以喝威士忌的。走出商店，我来到一栋阿塞拜疆居民楼前，包括这栋楼在内的许多建筑物都是苏联时期留下来的。这些建筑物建于20世纪90年代甚至更早的时候，它们都带有鲜明的时代特征。

我想去另一个地方，于是在街边叫出租车。在巴库乘出租车不太轻松，要么会被开高价，要么中途变卦，司机总会把路形容得非常远，以便让初来乍到的游客信以为真。我打车去看戈布斯坦岩画，上车前商量好来回收费60马纳特，下车的时候司机却用种种借口将价格提高到100马纳特。

巴库靠近里海的地方风很大，吹得脸很疼。里海不是海洋，而是一个内陆咸水湖，很久以前曾经是地中海的一部分，后来由于地质运动而封闭成湖。阿塞拜疆的石油储量丰富，石油的大规模开采使得这个国家成为苏联时期仅有的两个不需要中央政府补贴的加盟共和国之一，另一个是俄罗斯。在巴库的地下不仅有较大的石油储量，还有丰富的地热和天然气资源。海边荒滩上有许多凸起的泥火山，火山口里不时地喷射出天然气和泥浆，我用打火机试验了一下，果然出现了火焰。据说这里的泥还具有美容的功效，我往脸上抹了一些，感觉冰凉凉的。

不知不觉间，我来到了巴库市内的老皇宫浴池遗址，建筑结构一目了然。这里曾经是古代的国王们蒸桑拿的地方，这种洗浴方式叫土耳其浴（也称伊朗浴）。阿塞拜疆人和波斯人生活方式很多非常相似。这种洗浴方式最大的特点就是浴室的蒸汽非常大，对人皮肤非常好。在阿塞拜疆还有一处更为本土的洗浴方式，那就是以前闻所未闻的石油浴。

据说在阿塞拜疆西部有一个叫纳夫塔兰的地方，可以体验正宗的石油浴。可是在地图上一看，完全是一个旅行的死角，想过去很不容易。阿塞拜疆的旅行区域绝大多数是在东部，西部并没有什么适合的交通工具可以到达。我花10马纳特买了从巴库去往纳夫塔兰的车票，车内的陈设和中国20世纪七八十年代的汽车陈设很像。上车之后我直接坐到了汽车的后排，与一个大叔和一个小伙儿攀谈起来。

中途，我们来到一个休息站，这位大叔给我递来香烟，希望我能够跟他一起吸烟，我表示自己不吸烟，然后就上了车坐下休息。这位大叔也上了车。这时，司机发现车厢后面有人在吸烟，于是就来到车尾开始找大家的麻烦。那位吸烟的大叔慌乱中将没抽完的烟放在我座位前面的烟灰缸里，司机看到烟灰缸里冒着烟，就恶狠狠地骂我，让我从车上下去。我表示我没有吸烟，并拒绝下车。他开始拽我，这位吸烟的大叔和周围的乘客就上来劝阻。这个过程中我并没有指出大叔才是吸烟的人，所以这个大叔非常歉疚。

当时的场面非常尴尬紧张，大叔跑到车前面跟司机解释事情的经过，司机决定不再追究这件事。回到车厢后面，大叔就开始不停地跟我道歉，并表示希望能够得到原谅。我觉得这不是一件特别大的事情，只是受了一点惊吓而已。我本来想送他一个小礼物——从国内带来的手机用 LED 灯。后来，我觉得这灯是用来自拍的，就把它送给了车厢里的一个小女孩。没想到她是第一次见到这样的灯，所以特别地开心。这个大叔更加的内疚，于是就送我了一包当地生产的卫生纸。这包纸我一直留到现在，它是我和阿塞拜疆人民一段友谊的见证。

来到纳夫塔兰，我发现这里就是个城乡接合部，可能离边境很近，到处是武装人员在巡逻，给人一种不安全感。这个小镇上有很多废弃的工厂，工厂里的锅炉和厂房破破烂烂地矗立在那里。我联系了疗养院，一名成年男子把我领到一个大的房间。房间内部用隔断墙做成若干个单间，每个单间都摆放了一个长方形浴盆，在朝向窗户的一边有一根比较粗的管子，应该是用来向盆内注入石油的。

我进去的时候，发现靠近门口的几个单间已经有人在洗石油浴了。这里的男人都是光着身子，一丝不挂，大肚子大屁股，总之是东欧人的体形。你越看他们他们越自信，我暗自揣摩到底是什么给了他们“迷之自信”。其实不仅仅是男人，这里的女人也是全裸洗石油浴，并不害怕被陌生人看，只是比起男人相对低调一些。石油浴其实和普通沐浴是完全不一样的，普通沐浴是为了洗干净身体，而石油浴是为了让身体吸收矿物质，类似于敷面膜。所以，他们自然不会再穿什么遮盖物了。

我听其中一名男士介绍，洗石油浴具有保健的效果，对人的腿、腰和皮肤有好处，同时也要准备好洗发液和香皂，以便在洗完之后冲洗身体。但是不能每天都来，连续洗三天就要休息一天，最佳疗程是洗 8~10 天，洗一年才能治愈疾病。石油浴价格昂贵，并不是每个人都享受得起。我突然产生了尝试一下的想法，于是马上打电话咨询酒店，得到的答案是，我因外国人的身份和其他因素不可以

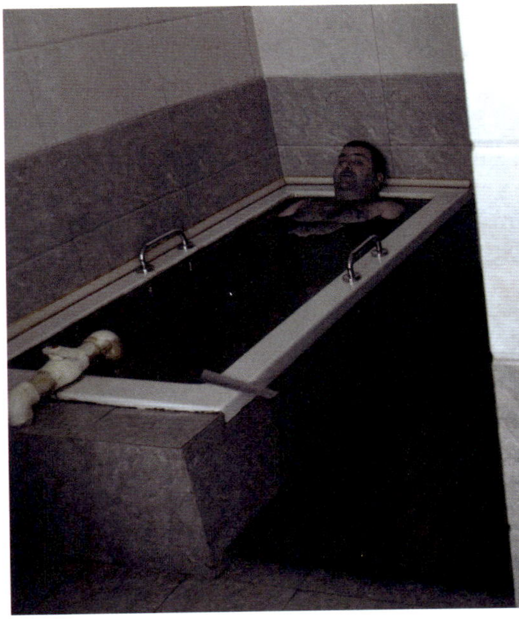

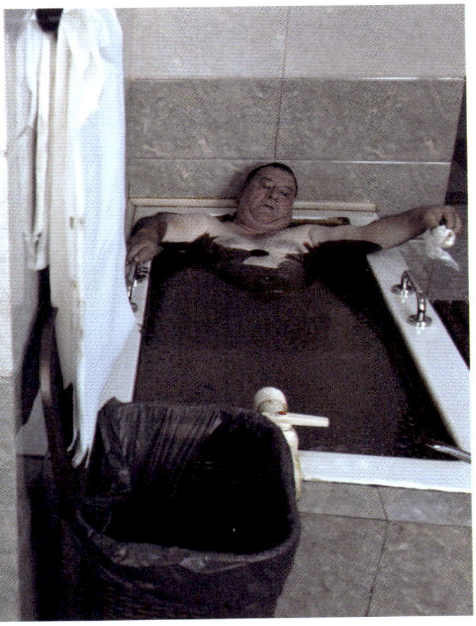

享受石油浴的老人

雷探长也当了回土豪

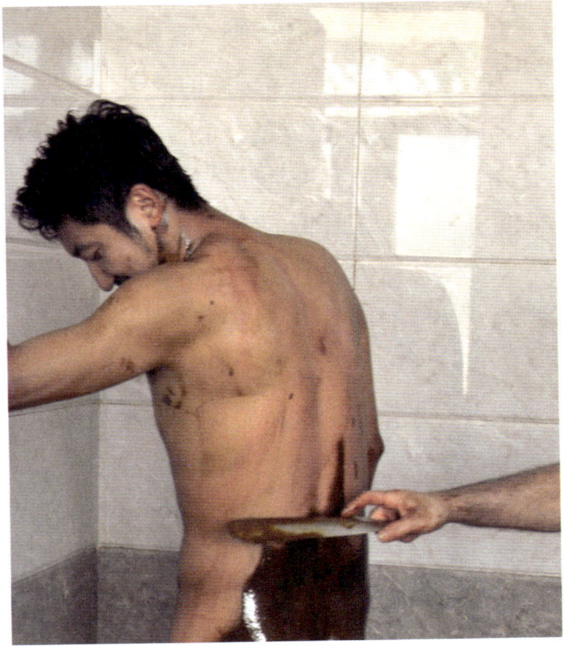

刮身上石油

洗。不过，经过多方协调，最后他们还是答应让我洗石油浴。

这应该是我人生当中最奢侈的沐浴，因为旁边还有“用人”伺候着。这位“用人”其实就是引导我沐浴的大爷，大爷可能见过太多不会洗石油浴的人，所以脾气很不好，大吼大叫的，“起来”“能不能听我的”“你到底会不会”“把胳膊给我抬起来”，听得我心惊胆战。为什么非要有人指导？因为这些石油并不是一次性的，而是循环使用，要不国家早就破产了。沐浴时的难点是不能让石油溅到地上，我必须小心翼翼地进入浴缸。可想而知雷探长没被大爷少骂。

在我刚迈入浴盆的时候，大爷用双手扶着我以免摔倒，但是嘴里依然骂骂咧咧的，因为充满石油的浴盆里非常滑，我稍微溅出来一点，大爷就赶紧去擦洗地面。我觉得我洗石油浴简直就像在后爹家过日子，动辄得咎。坐在浴盆里，我有两个感觉：一个是铁人王进喜，他带头跳进泥浆池，用身体搅拌泥浆，最终制伏了井喷；另一个就是此刻的感觉，就像陷入沼泽里一样。我把整个身体没入石油中，只把头露在外面，全身心享受石油浴带来的体验。

这时候一位享受石油浴的当地大叔走到我面前。他裸着身体，一副东欧人的体魄，浑身裹着黑亮亮的石油，简直就像一个巧克力版的圣诞老人。他特意来观赏我怎么沐浴，因为他从没见过东亚人来这个小镇。他说他是发电厂的退休职工，来这里疗养都是国家的福利，不收费。我这才想明白，怪不得这里的服务员大叔个个都没什么好脾气，一派公事公办的作风。不过也和这里没有把石油浴开发为旅游资源有关，如果真的赚钱了，这些人的脾气肯定会改一改了。和他交流也让我陷入了怀旧的情绪中，似乎公有制时代人们朴实真诚的模样又一次闪现，就像这位裸体浴的大叔一样坦诚。

洗浴时间是 10 分钟，浴池旁边放了一个沙漏，里面放着粉红色的粉末，从一面完全漏到另一面，就表明时间已经到了。洗完之后，首先要坐着，等待工作人员来操作。这时服务员大叔突然出现在我面前高喊，“醒来了”“我真是够了”“没见过这样洗澡的”“啥都别动，让我来弄”……他先拔掉浴盆的塞子把石油放掉，接着他用一块长条状的板子刮掉黏附在我身上的油渍。这个动作非常生猛，刮板在我的皮肤上一点点地刮，感觉特别不自在，刮的目的就是回收石油，不被我的身体带走。这位大叔的表情恶狠狠的，好像是责备我弄脏了浴盆的外沿。他让我保持双臂向前伸直的状态，防止刚才刮过的皮肤重新粘上油渍。最后我用清水淋浴，将身体冲洗干净，这次的石油浴就这样结束了。

石油浴也算是我在阿塞拜疆的一个收获，能够在这个出产石油的国家沐浴石油的确是难能可贵的。但是我来之前，我也在想这趟行程能不能成行，石油浴是不是真的高不可攀。我想，得不到的东西，人们会一直以为它是美好的，因为对它知之甚少，没时间与它在一起相处。当有一天对它深入了解之后，就会发现它原本不像你想象中的那么美好，但是也不要失落，因为努力着就是为了满足最初的想法。与初心同行是最美好的体验。

美女最多的高加索国家

阿塞拜疆是高加索最年轻的国家，一直以来很少被人关注，很多人误认为这里的女性和其他伊斯兰国家一样都裹在面纱里，但实际上她们早已步入开放而现

地道的阿塞拜疆族男子打扮

代的社会，打扮新潮。由于历史原因，部分俄罗斯人、犹太人、亚美尼亚人、土耳其人、土库曼斯坦人长期居住在这里，所以在巴库有许多混血美女。我这次将走近这些美丽的女子，发现阿塞拜疆的女性之美。

我在国王公园看到幼儿园的孩子们正在玩耍，老师们坐在不远处的长椅上。其中一个穿搭时髦的女老师看到我们正在拍摄她们时显得特别激动，还对我眨眼睛。我走过去和她搭讪，她没有丝毫羞怯，大方地回答着我的提问，还让她的女儿给我们演唱《阿塞拜疆之歌》。

虽然这位女教师很开朗，也遇到很多没有戴盖头的女子，但是大多数的阿塞拜疆女性十分的传统。也是在这一天，我在路上拍到一位正在摘野果的妈妈，她非常在意外人看到她的私密生活。为了化解尴尬，我通过请教她巴库有哪些著名景点来转移话题。看到三个美丽的女孩在海边欣赏风景，我走过去向她们表明身份，并表示要问几个问题，她们却委婉地予以拒绝。

由此可以看出，并不是所有的阿塞拜疆女孩都特别热情，她们对陌生男性更多表现出的是矜持和理性，始终保持一种距离感。这跟阿塞拜疆的民族风俗有关，她们在结婚之后基本上不再跟其他男人讲话了。还有一种可能就是这个国家曾经是苏联的加盟共和国，其国民也有一种战斗民族特有的对外来者的警惕防范之心。

阿塞拜疆女孩

少女塔讲解员

幼儿园的孩子

巴库的市政府是本地比较古老的建筑之一，带有明显的拜占庭时期的建筑风格。由于巴库经历过数个王朝的洗礼，接受过多种文化的熏陶，因而留下了很多风格独特的古代建筑。除了市政府，少女塔和老城区也见证了巴库的历史。接下来，我一路乘车来到了著名的少女塔。从外观上来看，少女塔很像一座古代城堡。它很神秘，有很多未解之谜，比如说，少女塔建于何时以及有什么用途，直到现在都没有定论。人们根据少女塔周围的岩画，认为它有可能建于公元五六世纪。人们还不知道它的作用，看到它面向大海的一面有小瞭望口，我倒是觉得有点像监狱。因为在古代，很多帝王会将犯人囚禁于孤零零矗立在海边的古堡监狱里面。

我走进塔内，迎面碰到这里的美女管理员，她用中文对我说我爱你！这让我感到很意外。这是一位非常有礼貌的美少女，她有着白皙的肌肤，大大的眼睛，举手投足间都能看到她很有文化，没有任何对外来者的敌意。我问她这里是否可以拍照，她告诉我博物馆的任何一个角落都可以拍照。她还跟我说："这里的水是干净的、新鲜的，虽然少女塔在里海旁边，井里的水却是能喝的、新鲜的。"这位美女还借着我们的镜头向她在西安的朋友表示问候。

榨石榴汁的女孩

阿塞拜疆网红

参观了塔内的结构之后，我更加坚定地认为这里是古代的监狱，犯人通过小瞭望口向外眺望。我无意间发现有一段狭窄的通道通向高处的一扇小窗子，通道低矮逼仄仅容一人

少女塔

少女塔内部

行动。我顺着石阶向上爬，出了窗口就到塔顶了，在这里可以鸟瞰全城风貌。正巧碰到一个身穿蓝底白点连衣裙的女孩也在塔顶，她让我帮她拍照，然后摆出各种性感的姿势，似乎要成为少女塔的代言人。

拍完照，这个女孩居然主动索要我的联系方式，既强势又害羞，既主动又含蓄。我突然发现，一开始对阿塞拜疆女孩下的保守的结论是不对的，其实这里的女孩外表高冷，但是内心火热。如果你想走进她们的心里，只要了解她们的爱好和内心就可以。很多人经常问我在国外如何撩妹，说实在的我哪有那个胆儿。但是在一次探索越南的时候我问了当地女孩一个问题，如何让女孩喜欢你。这个女孩回答说："其实女人很简单的，只要你真心对她好那就足够了。"

我觉得少女塔的周围应该有少女才应景，于是我开始寻找美丽的少女进行采访。在一张长椅上坐着两女一男，经过询问才知道她们是未成年的少男少女。她们的妈妈看到我搭讪她们，赶忙跑过来把我赶走了。锲而不舍，我继续寻找少女。皇天不负有心人，坐在塔底一处台阶上的两个女孩进入我的视线。我快步走过去和她们打招呼，并询问了年龄，原来她们是未满 18 岁的少女。我请她们教我唱一首阿塞拜疆的民族歌曲，她们一边唱歌一边配合着跳民族舞蹈，舞姿轻盈优美，我也就跟着她们边唱边舞，其乐融融。

我在一段古城墙下看到几个年轻女孩正围着一个打扮时尚艳丽的女性拍照，旁边还有一个穿红色衣服的漂亮女性在摄影师的相机前摆 pose，我推测她们是当地的网红。经过询问那三个女孩，我才知道这两个被拍照的女性在当地特别有名气，当地没有人不认识她们，尤其是 90 后。通过她们叛逆的打扮我能推测，现在阿塞拜疆新一代的年轻人实际上也在紧跟时代的潮流。

记得当地中国餐馆的老板曾告诉我，10 年前在巴库女孩必须要戴盖头，女生不可能穿吊带背心出门，在马路上和男朋友拉个手都不行，更不可能在海滩上穿比基尼游泳。我相信如今的改变也绝对和网络的普及有关，越来越多的巴库女孩看到了外面的世界，也因此我们才看到了她们面纱下的美丽。

巴库少女塔坐落在巴库老城中心，比邻里海海滨，是 12 世纪所建的汗王宫殿建筑群的一部分。全塔高 27 米，为 8 层圆柱状，每层可容纳 50 余人。内有一口水井，井水四季清凉甘美。塔上每层窗口都有防御设施。可倾泻滚烫的熔铅，或投下燃烧的石油火把，抵抗外敌的进攻。它经受了 1304 年大地震，当时许多

阿塞拜疆大户人家的打扮

居民住宅都被夷为平地，它却安然无恙。

塔名称的来源众说不一。一说从前有一对恋人，女富男贫，姑娘的父亲不同意这桩婚事，把姑娘关进塔里。姑娘为了表示对爱情忠贞不渝，含恨跳入塔下波涛汹涌的里海，小伙子也以身殉情；另一说法是，在战争中此塔保护了无数少女，使她们免遭外敌蹂躏，因而得到这个美丽的名字。少女塔的建筑设计十分巧妙，圆形部分朝北，寒冬的北风绕塔而去，塔的突出翼朝南，每到夏季，将凉爽的南风导向城内，因而塔后的巴库老城始终冬暖夏凉。

接下来，我来到了位于巴库的古代皇宫，宫殿内部有一口井，井里散发出一股股凉爽的空气。皇宫由石块砌成，主体呈现明显的伊斯兰建筑风格。由于战火和其他原因，这个建筑几次被毁掉，然后又几次被重建起来，我们现在看到的建筑是在苏联时期重建的。

我来到另一处遗址景点，买好票准备进去，票房管理员一听说我在寻找当地民族文化，马上就把我介绍给一位美女。这个美女把我带到一个房间开始兜售旅游纪念品，最后建议我去一个可以拍民族服装照片的商店。我刚一进门，美女老板就板着脸对我说："这里只有我能拍照，你们不能拍摄视频。"她不但不让我拍照，也不让我碰墙上挂的所有东西，并且流露出不屑一顾的表情。既然进了她的店铺，就只能听她的话，俗话说："人在屋檐下，不得不低头。"她给我穿戴上民族服饰之后，把我带进里屋拍摄照片。我去结账，她竟然抬高价格。无奈之下我按她说的价格付钱，她又说找不开零钱，其实是想让我多买几张照片。在我的坚持下，她决定给我找钱，她拿着我的钱出去后迟迟不回来，似乎在拖延时间。许久之后，她终于拿着找我的零钱回来了。后来我明白她不让我们拍视频的原因是她们不想泄露自己做生意的方法。

我来到里海边的浴场，看到许多男男女女穿着泳装，或在沙滩享受日光浴，或在湖水中嬉戏。我脱下衣服也想体验一番，下水之前，我想拍一拍湖边人们的状态。由于直接拍摄不太礼貌，于是假装在做热身运动，趁机进行拍摄。就在这时，过来两个男子和我搭话，说要请我喝酒，但是说话没有重点，东问西问，一会儿问我年龄，一会儿又问我住在哪个旅馆，我猜他们是来骗我的，于是马上提高了警惕。我不经意间发现，不远处的桌子旁坐着几个年轻女性，其中一个年轻姑娘正在用手机偷拍我。借此机会，我穿上衣服摆脱了那两个男子，来到那几个

高加索美女

女性身旁。她们见我过来便害羞地捂着脸或是跑开，想逃避我的追问。得知我要跟她们合影后，其中一位着黑色上衣的美丽女孩让她漂亮的妈妈帮忙整理衣服，并且跟我对视。她在我面前晃动肩膀，不知道要表达什么。我慢慢地理解了，她们对于我这种来自中国的男生非常感兴趣，甚至有好感。最终我大方地邀请她们共进晚餐，并且支付了晚餐费用。

接下来的故事我的节目里没有给大家播出，我觉得也没有必要去播。这位母亲非常大胆地提出能不能和女儿一起去中国，她们喜欢中国人，也喜欢中国菜，甚至需要一个……她们吞吞吐吐就是不说重点，但是从她们的表情上看，她们是很有诚意的。我于是说我是一个流浪的人，大部分时间都在国外旅行和制作节目，我可能不是一个最理想的居家男人，但是在我见过的所有女性当中，阿塞拜疆的女子是最美丽、最完美的。她们既传统又对未来充满渴望，敢于改变自己，充满无限可能。我说完，母女俩儿互相对视，默默不语。我能感觉她们是非常善良的人，敢于追求美好的生活，我能帮助她们的也只有这些了。

海边邂逅的当地母女俩

其实全世界的女人都一样，她们喜欢美丽，喜欢帅哥，更希望得到安全感。一个好男人的标准在各个国家虽不相同，但是也有共同点，就是懂得尊重女性，富有绅士情怀，如果再有那么一丝趣味和幽默感，可能就是完美的男人了。可能当女人到一定的年龄会发现，一个优秀的男人其实有时候和相貌没有关系，不一定因为长得帅而帅，而是越来越觉得他帅，最后难以自拔，这个叫魅力。

女人是用来哄的，这是和女人相处的方法。如果按照这个标准，所有男人都有机会在同一条起跑线上起跑。生活中总有一些男人抱怨找不到女友是因为没有钱，但是这个世界非常大，一些民族的女性要想找到男朋友反而要自己先有钱，男人什么都不用准备。不同的价值观造就了不同的婚姻。如果你满腹经纶却总在感情问题里卡在钱上，那么就拿出男人的勇气走遍天涯，去寻找理想中的“芳草”吧。

在七穹顶乱葬岗的午觉

历史上赫梯人的一支曾经生活在高加索地区，他们用岩画记录了那个时代的神秘文明。这里还有一处古墓葬，流传着诡异的传说，一位暴君和他的妃子埋葬于此，但是所有墓碑如同从地狱里冒出来一般露出地表。为了寻找这一墓葬，我专程前往高加索山脉来一探究竟。

汽车行驶在巴库沙漠平原上，夏天这一带非常炎热，地表温度接近50摄氏度，我来到了群山环抱的戈布斯坦地区。“戈布斯坦”在阿塞拜疆语中意为“沟壑纵横的地方”，该地区位于大高加索山脉东南角的杰伊兰克奇梅兹河流域，为丘陵多山地势。戈布斯坦山区聚集了石器时代及其以后各个时期古阿塞拜疆人的遗迹——岩画、村落遗址、墓碑等，这些文物反映了古阿塞拜疆人的生活、文化、世界观、风俗、习惯等。

戈布斯坦岩画代表性的图案是男人和女人，男子均为携带弓箭的猎人，他们身材高大匀称，腰系佩带，肌肉发达；女子则是胸部和臀部凸出，象征幸福、平安及生命的延续。戈布斯坦岩画题材十分广泛，其中包括动物、古代部落的图腾、乘“吉格里斯”船航行等图案及原始人狩猎、歌舞、收割、集体劳动的场面，全面反映了氏族部落丰富多彩的活动。戈布斯坦岩画于2007年被联合国教科文组织列入了世界文化遗产目录。

在一处平坦的地方我发现几个并列摆放的穆斯林石棺，不知道是什么原因让它们出现在这里，之前应该曾有穆斯林在此生活。通过石棺表面的精美图案判断，它们可能是王公贵族的石棺。我在一个山崖的底部一走到底，看到石壁上刻着一头牛的图案，还看到先民狩猎的壁画。我的注意力被一块巨石上的大坑吸引，坑底部有两块石头，对于它的功能我猜测不到。看了旁边的介绍之后我才知道它是先民的一个鼓，用石头敲击坑壁来传递信号。

离开戈布斯坦，我乘车去往位于沙马基区的西尔万王朝陵园。因为此地从前是西尔万王朝的首都，据传地下埋藏了大量的宝藏。知道这个地方的人不多，因为关于阿塞拜疆的介绍非常的少，所以这是一个很少有人光顾的地方。这个地方还没有进行旅游开发，去一些“死角地区”也没有便利的交通。出租司机大都不

七穹顶陵园

原野上的石碑

戈布斯坦岩画

愿意去那里，因为去一次比去沙漠还要麻烦。

我来到七穹顶陵园，这里杂草丛生，一片颓败的景象，周围有铁栅栏与外部隔离。几座伊斯兰风格的坟冢分布其中，许许多多的石质墓碑东倒西歪地矗立在墓地上，感觉就像是从地下钻出来一般。很多知道这个地方的人也是被这幅景象所震惊，墓碑怎么可能从地下冒上来呢，难道是地下的亡灵在痛苦的挣扎吗？总之，这个特点是七穹顶陵园的一大特色，也是未解之谜。唯心地去解释这些现象总归是站不住脚的。我查了很多考古资料，原来这些墓碑之所以歪歪斜斜是因为该地区地震频发。每当地震发生，就会对这些古墓造成破坏，把这些墓碑震得东倒西歪。

我走近仔细查看，发现墓碑上有一些蜗牛。西尔万王朝的一个暴君和他的嫔妃们都埋葬于此。据传他非常喜爱一个妃子，于是每天晚上都会跟她相会。我四处找寻他们相会的地方，于是发现一个地下建筑，猜测这应该是他们相会的地方。我走下去查看，发现内部呈拱形，中间摆放着一个石棺。室内还飘散着一股香味，好像是经常有人在这里摆放一些鲜花和祭品。据说那位暴君的许多妃子都葬在地下，夜里暴君就偷偷来到地下墓室和妃子幽会，至于怎么样幽会，至今还是一个谜。有一种说法是他跟妃子的尸体紧紧抱在一起，更多的说法是他能看到这些妃子的灵魂，并且和她们对话。

当我在墓室查看内部结构时，突然从墓室顶部掉了一滴水在我脸上，我转身

陵园拱北的入口

探秘坟墓内部

坟场上的午觉

发现墓室的角落墙壁上也出现了不明的水痕，同时又出现了莫名其妙的声响，这让我有点吃惊。我一直认为死人的墓地不要刻意地去打扰，不然总会遇到一些事情。在埃及金字塔里我就因为和看门人争执而狠狠地摔了一跤，在意大利八千具木乃伊墓室中密室的灯会自己亮又自己灭，就连古代盗墓的人也不是什么都拿走而是留一部分表示对死者的尊敬。我认为这不是科学能解释的，这是人品问题。一旦遇到了不顺利的事，比如排队没买到票，或者抽签手气不好，就有人会说这要看人品了，就是这个道理。想到这里我急忙狂奔出墓室。

逃出了墓室，地面上到处是墓碑，我坐在一处墓碑上休息，然后躺在了上面，慢慢地闭上眼睛，结果我睡着了，不一会儿我就进入了梦乡。在梦里我梦到有人和我说话，告诉我不要哭。因为我小的时候经常哭。有一次在幼儿园，一个坏孩子把玩具柜推倒，把我压在了柜子下面，当时我怎么呼喊老师也不来帮忙，因为老师此时在里屋约会男朋友。就这样我被困在柜子里 15 分钟后才被发现。我的母亲抱着我去医院缝针，那个时候人们都很善良，每个人的经济水平差不多都一样，所以我母亲没有提出赔偿，也没有让老师承担责任。

小时候的痛现在依然记得，我记得当时如果伤口痛了就自己揉揉，现在也是一样。这时候我的头仿佛被什么抚摸着，非常的温暖，然后我就醒了。我睁开眼，原来起风了，司机也从山下慢慢走近我。我这一生不会去陷害别人，所有委屈都自己咽下，但是我相信总有一个神在保佑着我，让我变得坚强，给我正义的勇气。可能只有在梦里他才会出现，和我说话，教我成长。

我乘车沿着古丝绸之路，一路颠簸来到拉希（Lahich）小镇。古时候，这里是丝绸之路上来往客商落脚休整的地方。我在街边一个卖民族传统物品的小摊上发现一套古代战士的服饰。我好奇地穿上铁皮做的铠甲和头盔，左手持盾牌，右手握刀，姿态很威武。迎面过来一匹小矮马，一个可爱的小女孩骑在上面。我从未见过如此矮小可爱的马，我还跟小马来了一次亲密接触。最后我在马主人的允许下骑上了这匹小马，在石头路上走了一段距离，引来路边许多行人的目光。

下马之后，我走进一个铁皮工匠的店铺。店铺墙上是用木板搭成的货架，上面摆放着各种用手工打造出来的铁制工艺品，其中有一盏阿拉丁灯，据说已经有 250 多年的历史了。这里的工匠反复笑着跟我强调，店里的物品不是美国产的，

丝路古城拉希小镇

也不是中国产的。我还在一家肉店亲自尝试了用斧头剁肉，以及在烤馕店尝试用铁钩从烤炉里钩烤馕。

我在餐馆里吃到一种汤，味道非常不错，当地人告诉我这不是汤，而是东欧人的主菜，阿塞拜疆语的名字叫作克夫得。夜幕降临，餐馆外的小广场上有许多人在跳阿塞拜疆的民族舞，从脚部动作来看，有点类似于踢踏舞。其实，在土耳其、阿塞拜疆和伊朗的舞蹈中，男士的脚需要不停地跺，有一种挣脱锁链的感觉，代表着对自由的渴望。我走到路边的一个凉亭里邀请一位美丽的少女一起跳舞，但是她委婉地拒绝了。一开始我还以为是她小看我，认为我不会跳。后来再三邀请之后，她的母亲告诉我女孩身患癌症，所以要好好休息。于是我一个人开始放纵地手舞足蹈起来，把这个小女孩乐得前仰后合，给这个不起眼的小广场带来了欢乐。

我觉得旅游的目的就是寻找快乐。人的生命只有一次，当孩子总是哭着闹着表达某种诉求时，要拒绝他，要让孩子从小知道这个世界上有些东西本来就不属于你。人的一生有三次长大的机会，第一次是知道自己不是世界中心的时候，第二次是知道做任何努力也无济于事的时候，第三次是知道即使做的事情无济于事但如果再努力拼一下也可以实现的时候。

Georgia

格鲁吉亚

Lei'Adventures

the Lost Mystery Place

斯大林故居和第比利斯地下印刷所

格鲁吉亚是高加索地区的山地国家，位于黑海沿岸，北邻俄罗斯，南部与土耳其、亚美尼亚、阿塞拜疆接壤。在其西部的库拉河谷之中，有一座古城——哥里，1878 年斯大林出生在这里。他自 1922 年起担任苏联共产党总书记，任职长达 30 年，在苏联卫国战争中为消灭法西斯做出了突出贡献。作为中国人，我们对斯大林有着特殊的感情。

这次格鲁吉亚之行的第一站，我选在了距离第比利斯 75 公里的哥里。这座城市之所以闻名遐迩，就是因为斯大林诞生于此。进入城内，首先映入眼帘的是一尊雕像，一名战士赤裸上身骑在一头猛兽的背上，左手持利剑，右手指向前

斯大林的雕像

方。东欧地区繁荣的文化艺术对该地区的影响很大，再加上苏联时代建造的大量带有革命色彩的雕塑，这里艺术氛围浓郁。

离此处不远的地方是著名的八兄弟雕像。这些雕像反映的内容仿佛是古代战士在保卫哥里城堡里的国王。它们看起来非常的沧桑，甚至残缺不全，好像在诉说着士兵在为国战斗时身体受到了极大的摧残，也折射出对战争的控诉。

山上是巍峨的古堡，由于哥里城面积不大，基本上从哪个方向都能看到古堡。古堡依旧壮观，来此参观的人却寥寥无几，所以古堡显得有几分凄清与落寞。古堡的规模很大，始建于公元1世纪之前。通过残存的遗址，我们可以遥想当年的建筑方法。站在古堡上可以俯瞰整个哥里城区。在格鲁吉亚，很多城市都是三面环山，第比利斯、哥里都是如此，这跟该地区的地形地貌有很大关系。

斯大林博物馆位于哥里市中心区，于1957年竣工，由博物馆主楼、斯大林故居和斯大林专列的一节车厢共三个部分组成。很多人都听说过斯大林博物馆，但没有机会参观，我带着好奇决定一睹它的神秘与风采。

斯大林博物馆门口

寻找斯大林生前遗物，我最想看到的是斯大林故居。这是一间他小时候生活过的屋子，是当年人们出于景仰而把他的故居完整地迁移至此。它位于斯大林博物馆主楼的正门外面。1878 年 12 月 18 日，斯大林诞生在这座由土砖砌成的小平房中，并在这里度过了他的童年和少年时光。从外观上看，这栋平房带有格鲁吉亚的传统建筑风格。透过房屋的窗户，可看到房间不大，四壁都是白墙，里面陈设着桌子、木床、箱子、椅子等简单家具，布局基本保持原样。虽然小平房面积不大，却有自己的地下室。地下室门口有一座铁栅栏门，门已经被锁上，不能进去。隔着铁门可以看到里面的建筑有点类似牛马圈，建筑环境比较差。为保护平房，政府在 20 世纪 30 年代新建了保护性的建筑。这里曾经是一个村庄，后来周围的房子因为各种原因都被拆掉了，只保留了这栋斯大林居住过的小平房。

从斯大林故居向后走，不远处就是斯大林博物馆主楼。这里的参观者也是寥寥可数，与昔日的门庭若市形成了强烈反差。进入展厅后，可以看到大厅内有许多柱子支撑屋顶，地板中间铺着一条红毯，一直通向楼梯之上。拾级而上，第一眼看到的就是一尊斯大林的雕像，它采用大理石雕刻而成。斯大林炯炯有神地看向远方，仿佛在看着胜利的方向。其实这个地方本来特别严肃，工作人员也不让外国人多停留和开玩笑，但是我看到一个小朋友居然站到斯大林雕像前和斯大林的手偷偷接触，做了一个 give me five 的动作，特别逗。多么友好的交流啊！于是我也上前和斯大林做了一个 give me five 的动作。希望通过这个现代的打招呼方式，向那个时代的革命家致敬。

雕像后面是博物馆的一个窗户，上面装饰着漂亮的彩色玻璃。在博物馆的展厅里面，我们可以看到世界各地送给斯大林的油画。这些油画反映的内容大多是他接见一些代表团的成员和一些战士，甚至还有他在阅兵式上的一些画面。当我来到里面一个大厅的时候，我看到了一些送给斯大林的非常有趣的礼物，就是多个国家尤其是中亚国家送给他的一些挂毯，上面都绣有斯大林不同神态的肖像。

我们知道中亚地区以生产挂毯闻名，其中一幅作品是在挂毯上绣出斯大林身着戎装的半身像，周围还绣着各加盟共和国的国徽，做工精美，非常有纪念价值。我在最后那个展厅还看到了一件来自中国的礼品，是一面绣着“万寿无疆”的锦旗，当时就觉得一下子拉近了和格鲁吉亚或者是苏联的距离。

此外还有一个绣着“壽”字的用布缝制的寿桃，也让人眼前一亮。墙上挂着一幅精美的刺绣作品，反映的内容是斯大林在莫斯科会见毛主席的情景，这次会面也促成了毛泽东和斯大林的深厚友谊。各国赠送给斯大林的礼物众多，单独占据了一个展厅。

我最后走进追悼厅里，里面设置了一个巨型围栏，中间方形的大理石座上放着根据斯大林去世两个小时后的外表形象塑造的一个铜像，旁边还有一幅油画记录了他逝世后平躺的神态。这个地方没有人说话，虽然大家都是来瞻仰这位曾经的国家领袖的遗物，但仍然保持着对逝者的敬畏感。这座博物馆的布局非常有层次感，通过各式各样的展品，我们仿佛可以领略到苏联时代的辉煌与风采。

停靠在博物馆门外右侧的是苏联时期的一节列车车厢，这节车厢重达 80 多吨，外观上看与普通车厢没有差别，实际是斯大林出行时乘坐的专用车厢。它拥有厚厚的装甲层和防弹玻璃。1941 年，斯大林下令装备一节特别的火车车厢，以保证他在旅途中可以继续工作。车厢门装饰有铸铁栅栏，进入车厢内部后发

中国当年赠送的锦旗

到访者在斯大林雕像前都要和他“握握手”

现，车厢里的设施一应俱全，车上有会议室、斯大林的私人包厢（内有软床、办公桌和独立卫生间）、秘书室、厨房、工作人员卫生间等，斯大林生前总是乘它出行视察。某种程度上可以说这节代号为FD3878的火车车厢就是一节移动的克里姆林宫。浴室的浴盆带有木质的盖子，水龙头跟现在的没有什么差别。马桶圈也是木质的。卧室里的插座跟现在的一样，都是两孔式的。

紧接着，我从哥里转战到第比利斯，这里有一处地下印刷所是斯大林曾经战斗过的地方，我们中学课本的一篇文章中也曾经讲到过。我租了一辆奔驰汽车去印刷所，原打算跟司机打听印刷所的相关信息，但他似乎并不知道这家印刷所的地址，满城绕路。为了赚钱，他不知道路，却假装知道，还表示可以把我送到目的地。在路上，经过多方询问，我们终于找到了印刷所。我按照上车前商量好的价格付给他车费，司机却表示汽车行驶的里程已经超过原来的价格了，死缠烂打耍赖皮，非要让我加一些钱才可以。我跟他在车上争执了半天，最后我稍微提高了一点价格，司机最后也表示可以接受。

斯大林坐过的列车

印刷所的大门上印有苏联国旗。听到汽车引擎的声音，印刷所的管理员老伯知道有客人要来，所以站在门口迎接。我向老伯表明自己的来意和中国人的身份后，他热情地跟我握手致意。进入内厅，老伯指着照片墙上的一些照片说，那是他和他的组织正在参加游行的照片。这位老伯也是一位共产党员，他不但坚守着共产主义理想，同时凭一己之力看守着这个地下印刷所。我此时要告诉大家的是，自从苏联解体后，这个地方已经不再是红色教育基地，但是里面的陈设没有改变。老伯指着另一面墙

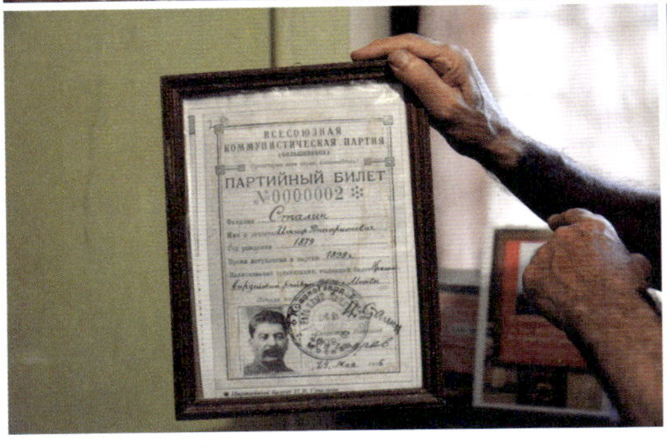
ВСЕСОЮЗНАЯ
КОММУНИСТИЧЕСКАЯ ПАРТИЯ
ПАРТИЙНЫЙ БИЛЕТ
№0000002
Сталин
1879

Молодой Сталин
Я-КОММУНИСТ!
А ТЫ ВСТУПИЛ
В КОМПАРТИЮ?

第比利斯地下印刷所

上的一幅特制肖像画，从左、中、右三个方向分别可以看到三个不同时期的斯大林肖像。下面是一幅反映斯大林与毛泽东会面的油画。看到这幅画我感到特别亲切。

我去过世界上很多曾经是社会主义国家的地方旅游，只要是和红色教育有关的地方，都会把毛主席的画像放在最醒目的位置。就连美国大都会博物馆里都会介绍传奇人物毛泽东。安迪·沃霍尔（Andy Warhol）于1973年创作了一系列毛泽东的波普艺术肖像，第一个将毛泽东像引入主流艺术。在西方拍卖会上，毛泽东画像也成了热门收藏品。拳王泰森也把自己的偶像毛泽东头像文到手臂上，激励自己勇敢战斗。有时候我觉得外国人比我们中国人更了解毛主席。

老伯一边介绍一边向屋里走，我看到一面挂满纪念物件的墙。靠上一点的中间位置挂着列宁和斯大林的头像，往下一点是两面鲜红的党旗。屋里摆放着列宁和斯大林的许多照片，还有其他革命先烈的黑白老照片。这时，有一对情侣出现在屋内，经了解他们是荷兰人，是专程来此处捐款的，我心想他们对共产主义事业还蛮上心的。老伯拿起一个相框，并告诉我里面放着斯大林的党员证，他的编号是2号，列宁的编号是1号。老伯拿出收藏的厚厚的一沓报纸，上面主要是有关中国的新闻。他一边翻阅一边给我指出关于习近平总书记和李克强总理的新闻报道。

很明显，我的到来让老伯感到非常兴奋，他用俄语跟我讲述那些尘封已久的故事。1903年，第比利斯郊外的一个院子里，斯大林和他的同事们建立了一个地下印刷所。这个院子和其他的院子没有什么区别，周围是半人高的木栅栏，左边是一间独立的小屋，屋内有一口井，顺着井内的小梯子下去，就可以找到印刷所的入口。100多年已经过去，不知道现在的地下印刷所是一番什么样的景象。

我在老伯的带领下，从后来新建的一条旋转楼梯来到地下印刷所。慢慢向着地下走的感觉真的就像进入考古第一线，真佩服那个时代的人在地下也能做出一番事业。越往下越黑暗潮湿，我紧张的心也开始不规则地跳动起来。当我穿过一个已经严重生锈腐败的铁门，眼前就是地下印刷所的核心区。一个较封闭的空间内放置着一台锈迹斑斑的机器，这台机器就是当年斯大林和同志们并肩战斗时的武器。这里曾经就是布尔什维克的红色根据地，也是斯大林参加革命的一个起点。旁边有一个通道通向井口，当联络员把一些需要的物品和情报用绳索拉到通道口的位置时，里面就会派人出去接应。

如此隐蔽的秘密活动地点在当年是如何被警察发现的呢？警察先是发现这口井有点问题，但是不知道问题在哪儿，于是他们就往井下扔小字条，井下的革命同志以为是自己人在传递消息，于是就在通道口将字条拿进来，因此暴露了地下印刷所的位置，这里的革命者不幸被警察逮捕。后来的某一年，第比利斯发洪水，这口井连同印刷所都被洪水淹没，印刷机等设备以及通道口的铁栅栏都曾浸泡在水中很长时间，以至于现在已经是锈迹斑斑。这里给我留下的印象是一种浓厚的工业化时代的气息。

回到地面上的屋子里，老伯告诉我，当年斯大林和夫人住在这里。这栋房子的墙壁上装着一部连通地下印刷所的警铃，以便及时通报上面的情况。如果有一般的事情，屋内的人就按一次铃；若是紧急的事情，就要按两次铃通知地下的人赶紧做准备。

参观完地下印刷所之后，我由衷地佩服这位管理员老伯。当前的政治大环境下，当地政府对红色文化、红色遗迹的保护不是特别地重视，他却用自己的收入来坚守这块阵地。他精通俄语、格鲁吉亚语，不知疲倦地给来访者讲述每一件红色文物背后的故事。这里还有一些关于毛泽东的油画和描写中国发展的报刊、书籍，这令我非常感动。因为第比利斯地下印刷所是不收门票的，很多外国人也只是当成景点看一看就走了，甚至连句谢谢和招呼也不打。我内心过意不去，中国作为社会主义国家现在发展得又这么好，我怎么也得给老伯点礼物，于是我决定给老伯一张 100 元的人民币，因为上面有毛泽东的头像，也略表我的敬意。老伯接过钱之后，脸上露出会心的微笑，他的眼神中流露出对来访者的感激，绝非唯利是图的浅薄。作为一名红色文化守护者，有人愿意去理解那段岁月，才是对他最好的安慰。

告别斯大林曾战斗过的地下印刷所和管理员老伯，我漫步在第比利斯的街道上。我随意地走进一家销售猎枪的商店，屋里的货架上摆满各式各样的猎枪，价格不是很贵，大概 500 元人民币就能买到一把普通的猎枪。柜台里则是各种型号的子弹，便宜点的每颗在 3 元人民币左右。第比利斯还有一个非常热闹的旧货市场，这里有各种格鲁吉亚的传统手工艺品，比如手工制作的布偶，小巧玲珑，很是可爱。还有一些颇具收藏价值的历史纪念物品，比如列宁时期的徽章、老式照相机、防毒面具、刺绣的斯大林肖像画等。在一个拱桥下面有人在售卖装裱后的油画，价格比较贵，还有一些画家在现场创作油画作品。

晚上我走街串巷，走进一户当地人家里，我和女主人交流，希望能够让我住在她家里。女主人本来就很怀疑我的来历，有点儿看不起我这个旅行者。我就在市区逛，发现大街上有卖烟花的，都是包装精美的高档产品，于是就买了一个。老板告诉我这些都是中国制造，我看了一下说明还真的是。可见中国制造的烟花

第比利斯旧货市场

在国内包装很一般，凡是出口的都包装很精致。我来到刚才那位女主人家门口，点燃了烟花，结果全家人都出来看。他们非常高兴，好久没有看过放烟花了。烟花也很争气，放了很长的时间。

格鲁吉亚和我们的新年习俗不同，没有放烟花的习惯，平时也不可能有人消费这些昂贵的烟花。放完烟花，女主人高兴地和我拥抱，并答应让我留在家里过夜，还让家里的亲戚把我带到了附近的游乐场里玩耍。这个游乐场虽然有一些大型设备，但看着还是很落后的。当我坐在旋转椅上，居然安全带都没有，只是用栏杆挡一下，在空中感觉就要被甩出去了。可是我还是被这家人的热情感动了。

我白天参观了他们的卧室，甚至打开衣橱，尝试了一下貂皮大衣，又吃了一些当地特有的美食。后来，女主人领我到后花园参观，并且告诉我这是她丈夫修建的。我们走过一座小桥，来到地下室门口，她打开房门，告诉我这里放着各种酿酒的葡萄和其他原材料。屋里的一个小房间是酿酒室，里面放着各种样式的自制葡萄酒。墙壁上竟然有水汩汩而下，有一种细腻缠绵的感觉。角落里是一个木质内壁的水池，听说是用来清洗酿酒的葡萄的。洗完之后，葡萄就会从水池底部的管道滑入另一个容器内。接下来把葡萄和其他原材料放入一个木桶里，木桶上的搅拌设备会将葡萄搅成液体，液体从通道流入地面上特制的圆形坑内。大概密封一个月之后，他们会将成型的葡萄酒换到比较大的蓝色塑料桶内继续封存。再过一个月，这些葡萄酒就可以饮用了。

给我介绍完葡萄酒的酿制过程，女主人指着一张桌子上的东西对我说，它们是喝葡萄酒用的酒具。我定睛看了一下，足足有几十种形态各异、不同材质的酒具。女主人拿出了各种酒杯，有陶瓷的、牛角的，分别让我来品尝他们酿的葡萄酒。要知道格鲁吉亚可是拥有世界上历史最悠久的原始葡萄酒酿造技术的国家，考古学家认为公元前 6000 年葡萄酒酿造技术已经在格鲁吉亚出现，所以格鲁吉亚人一直宣称法国的葡萄酒并不是正宗的葡萄酒，而是剽窃了他们的发明造出来。这些年格鲁吉亚为了挽回损失，开始在国际上讨说法，甚至要把葡萄酒酿造技术申报为世界文化遗产。

时代在进步，中国也在日新月异地发展着，可是今天的格鲁吉亚发展依然缓慢，这可能和这个国家习惯遵循传统，保持原样有关。我认为，当你手中抓住一件东西不放，你就只能拥有这件东西；如果你肯放手，你就有机会选择别的。人的心若固执一念，不肯放下，那么他的智慧也只能达到某种程度而已。格鲁吉亚还有很长的路要走，想要改变首先要学会放下。

巴统亲吻雕塑的故事

巴统是一座海滨城市，位于黑海东岸，是格鲁吉亚第二大城市，在格鲁吉亚语中名为“Batumi”。毗邻的黑海曾经是地中海的一个海盆，后来地壳运动使其成为一个几乎封闭的海域。这个地方的海水较深，于是形成了优良的港口，海上贸易往来不断。

去巴统我乘坐的交通工具是一辆依维柯，在斯大林的故居哥里，我被指点可以到县城的车站坐车。汽车一路向西，这可是真正的西行。如果说巴库是在外高加索的最东边，那么巴统就在外高加索的最西边。我第一次是选择从阿塞拜疆直接坐车去格鲁吉亚，从地图上看很容易，我也曾尝试了开了一天的车，穿越整个阿塞拜疆。在阿塞拜疆的边境马上就可以出境的时候却被边检人员拦住，遭到各种盘问，结果被告知不能进入格鲁吉亚，好说歹说也是不予放行，最后只能当场返回，无奈之下选择坐飞机从巴库前往格鲁吉亚。我提醒各位，从阿塞拜疆到格鲁吉亚如果没有足够的把握还是不要选择陆路。至少在现在，外高加索的三个国家的关系还比较复杂，坐飞机往往能代表游客或者商务客人的身份，比较省事。不过通过这次穿越，我也从陆路的角度看遍了阿塞拜疆，也算是一次充实的收获吧。

其实当地人称巴统为“八通米”，如果你说巴统他们反而不明白，直接叫八通米就行了。当我来到巴统时，一下子感受到了繁华的气息，这里非常现代，靠着大海，海鸥和白色的帆船勾勒出一派中东海景风情。格鲁吉亚是一个比较保守的国家，但没想到船上的一位美女主动向我们招手示意，甚至翩翩起舞，看看这里的美女多么的开放啊！在街道上，到处都能看到书摊，卖的主要是介绍格鲁吉亚民俗、文化、服装、建筑等方面的书籍。海边有一些人在玩驾驶水上飞机项目，时而在空中滑翔，时而在海面急速航行。看起来很有意思，只是租赁价格偏贵了一些。

我来到海滨的观景台上，看见这里有人在跳水，即便墙上贴有禁止跳水的警示牌。一对情侣手牵手，嘴里说着情话，一起跳入水中，旁边的朋友们在热情地鼓噪。看到她们玩得如此开心，我迫不及待地加入她们的行列。站在海滩上，映入眼帘的基本上都是晒太阳的、游泳的、跳水的比基尼美女。我决定找一位比基尼美女跟我一起跳水，寻觅跳水搭档的同时，也在试探格鲁吉亚人的性格，是保守排外还是兼容并蓄。为了快速打开局面，我拿出了小小雷玩偶作为社交开场白。遗憾的是，屡屡被美女们拒绝，她们要么是直接拒绝，要么是沉默不语。一“怒”之下，我决定自己跳水。我自己站上观景台纵身一跃，与黑海来了一次亲密接触。

由于这个位置的海水比较浅，加上从高四五米的跳台上跳下来的冲击力，入水

小小雷玩偶在巴库海滩受到小朋友的欢迎

格鲁吉亚民间舞蹈

之后直接撞到了水底，剧痛导致我的双腿抽筋。我奋力挣扎，却不能阻止身体下沉，海水止不住地灌入口鼻里面。我费了九牛二虎之力终于爬到岸边。没有女孩跟我一起跳海的尴尬感达到顶峰，就在我心灰意懒之时，出现了希望的曙光，一个美女答应和我一起跳水。我跟她来到跳台上，手拉手一起跳入海水中，实现了自己多年的心愿，高兴至极。我决定好好感谢一下这位小天使，可是身上什么东西都没有带，于是上岸后四处买饮料想送给她。遗憾的是一下子就找不见她了，她似乎消失在风中，她的微笑化成了一道彩虹。我只好把饮料交给她的朋友们，请她们转交给她并转达我对她的谢意。我送给海滩上的小朋友们一些小小雷玩偶，并且用相机记录下他们开心的瞬间。

傍晚时分，我来到巴统市著名的旅游景观“阿里与尼诺”雕塑所在地。雕塑由格鲁吉亚画家 Tamara Kvesitadze 设计，于 2010 年建成。它由两尊高 8 米、重约 7 吨的不锈钢移动人形雕塑组成，男性叫阿里，女性叫尼诺。白天的时候他们相对而望，饱含深情。到了晚间 7 点，两人伴随着音乐和灯光开始向彼此移动，融为一体，再各自背向前行，最后孤独地矗立在自己的位置，遥遥相望，静待第二天的移动与相拥。这一切都发生在短短的 10 分钟之内。要注意他们是相融穿过彼此，到达两端之后有一个转身的动作，这也是雕塑具有技术含量的一个佐证。雕塑的原型来自库尔班·赛义德（Kurban Said）的小说《阿里与尼诺》中的男女主人公，该小说讲述了穆斯林男孩阿里和格鲁吉亚女孩尼诺的爱情悲剧。设计师通过这个极具浪漫与创意的雕塑展现了爱人间的相识、相知、相爱和分离。所有看过雕塑的人都赞不绝口，为阿里与尼诺感人的爱情故事驻足。

海边还有一个巨大的摩天轮，很多游客都在排队等待体验，我决定登上摩天

巴库的“阿里与尼诺”雕塑

巴库海滩

在巴库海滩晒太阳的美女

轮俯瞰巴统市区。登上摩天轮，等它转到最高点的时候俯瞰“阿里与尼诺”，觉得两尊雕塑看起来并不大，而且证实了他俩不是从身体的正中间穿过，而是从面部一半的位置穿过的。向远方眺望，就可以看到美丽的黑海夕阳，紫色的太阳一点点消失在海天一线。

转了一天，感到有些疲惫的我，来到一个类似贫民窟的社区找旅馆休息。费力找到合适的房间，房东的妈妈却收了我很贵的房费，让我感到有些不满。入住之后，就因为洗澡的时候，把浴池里面的水溢到地面上一些，她就不依不饶地来到我房间骂骂咧咧，还给她的儿子——房东打电话告状。然后房东打电话告诉我应该注意什么，我对他说，需要注意的事情一定要提前告诉我，不能等我做了之后再来告诉我。我刚来时觉得这是一个开放式的旅馆，就是老板不在店里待着，而是把客人留在这儿，他去做自己的事情，有人来此入住就直接打电话，把钱直接交给他的妈妈就行。但是，他的妈妈显然不是一个合格的生意人，不会进行生意上的交流与沟通，一旦出现问题就只会跟房客们吵架。

离开海滨，我来到了著名的乌普利斯齐赫。乌普利斯齐赫被誉为从石头里挖出来的城市，始建于青铜时代。公元后几个世纪曾经是格鲁吉亚政治文化中心之一，7 世纪阿拉伯人攻占第比利斯以后一度成为格鲁吉亚王室驻跸之地，加上临河且交通便利，从而获得巨大的发展。但 12 世纪格鲁吉亚重新统一后，将首都迁到了他处，此地就开始慢慢地衰落。13 世纪蒙古人入侵后，这里就彻底荒废了。整个遗迹包含了国王与王后的起居室、剧场、澡堂、红酒储藏室等不同功能的区域，可见当时的繁荣。

走在乌普利斯齐赫的遗址上，你会觉得有些费力，这个地方没有楼梯，人们完全是在凹凸不平的石头上行走。我看到在一处稍微平坦的地方，有一处民居的遗址，地面上有几个石槽，是当时人们用来生火做饭的，旁边还有通气用的孔道。我发现了一个在山坡上开凿出来的教堂，里面的墙壁上刻满了文字。荒废之后，这里就变成山洞，曾经有人在这里生火做饭并且把顶部熏黑了。我走到山顶上的风口，感受强风的力量，同时俯瞰远方的河流、草木与历史遗迹。

回归城市后，我穿梭在市场里的小商贩之间，感受着普通老百姓的日常生活。我看到一个售卖冰激凌的商店前挤满了排队的人，一位美女看到我也想买，主动帮我在窗口买了两个，很是热情。此刻，我的内心产生了这样一种想法：这里的一些老太太特别凶，见到我恨不得将我咬碎，相反一些美女却对我温柔、热情。在市场里的一个水果摊旁边，一位上了年纪的民工正在吃力地搅拌水泥，40摄氏度的高温使得他汗流浃背。我打算给他一瓶饮料，但是他似乎不愿意接受这种卑微的施舍，摆摆手表示拒绝。为了让老人打消顾虑，我示意他把铁锹给我，让我帮他搅拌水泥。他见我干活非常专业，伸出大拇指表示称赞，也就抛开芥蒂接过我的饮料开始大口地喝。这时我才明白，刚才拒绝我的饮料并不是因为老年人不喝碳酸饮料，而是一种不接受施舍的尊严。

生活是艰辛的，很多人都认为大部分的城里人为了养家糊口，不可能自由地出去走走，其实旅行只是一种生活方式，相夫教子也是一种生活方式。生活本来就是复杂的，但并不是无趣的，如果能在生活中找到亮点，创造属于自己的生活圈子，我们的人生依然会闪闪发光。就如同巴统的爱情亲吻雕塑，没有它就没有巴统的名气，艺术家用固定不变的东西和旅行者作交换，用另一种思考展现着自己的人生之旅。

Armenia

亚美尼亚

Lei'Adventures

the Lost Mystery Place

寻找失落的挪亚方舟碎片

在写这篇文章之前，我想先和大家讨论一下雷探长的“破烂英语”问题。几年来观众总是吐槽我的英语太差，比如“雷氏英语”“散装英语”“这样的英语还要出国丢人”等。其实我也思考过，中国那么多的俊男靓女，每年艺术院校毕业那么多播音主持专业的优秀学生，以及还有一大堆的英语 8 级以上的专业人士，可是偏偏只有我去做环球冒险和拍摄纪录片的事情。我一个人去了阿富汗、巴基斯坦、伊拉克、索马里、青木原树海自杀者森林、墨西哥鬼娃娃岛，既在恒河里洗澡又在枪械市场拿命做交易，现在走过了 100 多个国家和地区。我认为“不是我选择了这一行，而是上帝选择了我做这些事”。

很多人说羡慕我能够按照自己的想法去做喜欢的事情，可是又无奈于自己只能坐在格子间里写程序。我告诉他，你写程序也是使命，带孩子养家也是使命，如果我会写程序可能上帝就让我去写程序了，你会什么上帝就让你干什么。我是一个狂热的纪录片爱好者，所以我有制作探索纪录片的能力。这必须是具有吃苦精神的人才能完成的事。所谓吃苦可不是饿一顿饭、走很远的路那么简单，而是成熟的内心可以用大爱宽容世界。可是谁又能随随便便做到这一点呢？所以上帝选中了我来完成这些奇特的体验。

其实上帝的本意也许未必是拯救人类，而是让人类变得“不完美”。“不完美”怎么可能？人类不是很完美吗？仔细想想，我们人类虽然是世界上智商最高的动物，但是被“设计”得并不合理。我们会慢慢变老，会死亡，吃点不干净的东西肠胃就出毛病，爱情经营不善就破裂了，甚至一生都在迷茫摸索中求发展，根本猜不到未来啥样，这都是为什么？因为上帝“设计”人类就不想让人类完美。

《圣经》里有一段文字可以佐证，也是我常唠叨的一段故事。地球上的人类本来说着一种语言，准备团结一致造一座高塔到天上去挑战上帝。后来上帝知道了，一怒之下搅乱了人类的语言，让人类说着各种话，互相不能理解，这样的世

埃里温母亲纪念碑

界反而平衡了。这个故事告诉我们，人类说不同的语言本身是没毛病的。有这样一句名言："这个世界不公平，但很合理。"你想想世界上不是有很多地方说一样的语言，却总闹着分家，闹着打仗。语言不通某种程度上反而让人们互相尊重彼此。

《冒险雷探长》最初的定位就不是一档旅游节目，我们既没有体验美食，也没有体验高级酒店，也没有体验度假胜地，而是做真正的民间外交。我是代表一个土生土长的中国人，用我的价值观了解世界。英语从来没放在心上，我没有说英语的义务，甚至我觉得最好一句都不要说，只说中文看他们怎么应对。小时候家里人从来没有教我用筷子，都是自己摸索的，现在我也改不过来了，很多人笑话我不会用筷子，我也没有因此而饿死啊！可能每一个人对世界的体验都是上帝最好的安排吧。走过 100 多个国家和地区，我用真心和感情与当地人交流，从来没有因为语言而犯愁。因为健康的人格不需解释，善良的心灵无须语言。

基督教经典《圣经》中记载，上帝为了惩罚人类，要以一场洪水毁灭大地，一个名叫挪亚的信徒得到上帝的旨意，建造了一艘巨型的大船，把陆地上的每一

教堂正在举行婚礼

类生物都留下一对。当洪水淹没世界的时候，他通过挪亚方舟躲过了灾难。洪水退去后，挪亚方舟搁浅在了一座高山上。这座山就是位于今天高加索南部的阿勒山。雷探长这次就前往亚美尼亚，去探索挪亚方舟的碎片。

前往亚美尼亚我乘坐的是火车，火车完全是苏联时期的风格。夜里过境的时候边检人员前来查护照，他们抱着电脑，一个一个核对，可见他们的检查方法也非常先进。

我对前两个高加索国家阿塞拜疆和格鲁吉亚的印象还不错，不幸的是对亚美尼亚的印象不太好。第一难发生在下火车时，我这一节车厢的管理员大叔非说我弄丢了他们的枕巾和床单，不让我走，要么赔偿，要么去见保安。我说我不可能拿，于是我转身离开。这时管理员大叔又追到站门口，结果周围很多下车的旅客都来围观。看着大叔发疯似的，没完没了，咄咄逼人，我就向周围的人求救。结果没有求救到反而还被一个强壮的保安给拉到小黑屋盘问，还问我要钱。其实我也知道这套路很深，我觉得我要是 00 后，可能根本不屑于和他们理论那么多，谁让我有社会责任呢！于是我就和大叔一遍一遍地解释，最终来了一个更有经验也更正直的车站老管理员。他让我不要动，然后一条条的清点排除，最后算清楚了床单和毛巾的数量，我也就被洗“白”了，真不知道他们是真的算错了还是装糊涂，反正这个地方不宜久留，他们也没有向我道歉，我走出了车站。火车站外更是拉客现象严重，都知道外国人钱多，不一会儿有好几个人围上来要拉你上车。这种情况其实会给人一种很混乱的感觉，对外国人来说也不安全。所以我们国家实行火车站出租车排队载客的方法是很有必要的。

我来到亚美尼亚首都埃里温的制高点，从这个制高点向下看，埃里温尽收眼底。埃里温位于拉兹丹河畔，是整个亚美尼亚的政治文化中心。2010 年 4 月 28 日香港人和土耳其人组成了一个探索团队，他们在阿勒山上发现了一个古代船只的遗址。这个遗址可以追溯到公元前 2800 年，如果这个船只遗址就是挪亚方舟遗址，那么这将是考古史上最伟大的发现。

为了寻找挪亚方舟的信息，我开始在市区向当地人打听，最终得到一个重要信息，在首都的一个古代手抄本美术馆里，珍藏了 17000 件古代手写文本，据说里面有挪亚方舟的文献，具有很高的历史和艺术价值。我希望来到这里，能发现挪亚方舟碎片的信息。穿过被太阳烤得滚烫的大铁门后我走进了美术馆大厅。美

坦纳达兰 - 古代手抄本博物馆

术馆里的藏品大部分是基督教的手抄本，据说很多图书的插画都记载了人类远古的这场大洪水，这就更加佐证了圣经故事并非传说。这里的手抄本至今仍能完好保存，很大程度上要归功于它是羊皮制作的，而且这一带的国家比如土耳其、伊朗历史上都是使用这样的手抄本形式。

1912 年，美国珍本书商威尔弗雷德·伏尼契在罗马附近一所耶稣会大学图书馆的地下，找到他一生中最大的发现——一份厚达 230 多页、以奇特字体写成的手稿，手稿中还有许多植物、宇宙天体和出浴美女等奇异的图片。后来很多现代的学者开始研究这个手稿上到底写的是什么，可惜这本手稿的文字和图片都过于抽象，以致有人认为这不是人类写的。当我来到亚美尼亚的这家手抄本博

手抄本博物馆中的展品

物馆，看到了这里的手抄本后得出了一个结论，伏尼契手稿一看就是地球人写的，虽然文字目前还没有被破解，但是伏尼契手稿的表现形式和这里的手稿如出一辙，都是羊皮纸质，以及西亚壁画风格的彩色插图，文字都是围绕着插画做一个注解。由此可见，伏尼契手稿可能是土耳其地区或者高加索一带的古代文字手稿，这些手稿一定程度上记载着远古人类那些失传的历史和谜团。

接下来我继续打听挪亚方舟碎片的信息。我来到首都共和广场，这个广场建于 20 世纪 20 年代的苏联时期，由当时苏联最年轻的科学院院士塔曼尼扬设计建造。曾经叫作列宁广场，在这个广场上曾有一尊列宁像。这时突然从我身后走过来一位女士，她问我是从哪里来的，当我把相机对准她时，她总是说不要拍我。

我突然觉得这位女士非常奇怪，既主动和我搭讪，又不让我拍她。当我告诉她我来自中国时，她居然给我一个耳光，说以为我来自菲律宾，说完扬长而去。天啊！光天化日之下，居然有陌生人打我的脸，实在让我摸不着头脑。

后来我在朋友圈把这个经历发布了出来，在亚美尼亚生活过多年的一位大哥告诉我，她打你脸是说明她喜欢你。在这个国家，女人打男人脸是爱的表达。这么奇葩的习俗也真是够泼辣的，要是这里的女人喝了伏特加，那么男人的脸是不是要被彻底打爆了呢。不过，看这位女性走路婀娜的身姿，我猜想她的职业肯定不一般。可能是做外国男性生意的人，还怕让人知道。

接着我打听到，在首都偏远地区的一个教堂内存放着一块公元前 2800 年的挪亚方舟碎片，于是我向这个教堂进发。我乘坐着当地小巴车，一路向小教堂方向驶去。这座小教堂位于阿勒山下，站在这里就可以眺望整座大山。

《圣经》最后留下的线索是挪亚方舟搁浅在了阿勒山上，即今天的土耳其境内。传说一位圣人曾经从山上捡回了挪亚方舟碎片将其供为圣物。人们将其细心包裹，用黄金珠宝装饰，教皇还曾加持过。这块碎片被封存在了神秘的地窖当中，不是特殊来访者不会轻易展示。

我来到挪亚方舟碎片的保存地艾奇米亚津，它始建于公元前 2 世纪，可以说历史悠久。要知道艾奇米亚津最著名的就是艾奇米亚津主座教堂，但是很可惜，这个教堂一度被荒废，直到 1901 年才被从地下挖了出来，后人根据想象重新建造了这座教堂，现在它拔地而起，雄伟气派。艾奇米亚津就是耶稣降临之意。我此次之行能否见到这块挪亚方舟的碎片还真不清楚，如果这块碎片真的存在，那么就是对挪亚方舟故事真实性的最好佐证，甚至可以证明《圣经》中的记述也并非传说而是历史。

我走进艾奇米亚津主座教堂，里面一片奢华的气息。天花板上用各种天使勾勒出天堂的景象。如果你去过土耳其索菲亚大教堂，就知道亚美尼亚和土耳其的教堂风格非常相近，天使身上长了很多翅膀，不止一对。作为基督教的教堂，这里面也供奉着《最后的晚餐》的油画。无论什么版本的油画，总能很容易地找到犹大这个人物，他手里总是攥着钱袋。教堂内除了《最后的晚餐》，还有关于挪亚方舟的壁画。壁画上描绘了人们对于这场大洪水的想象，其中最离奇的猜想竟然认为这艘方舟不一定是人造的，而是天外来客、不明飞行物，要不怎么能装下

艾奇米亚津主座教堂

全世界的物种呢？确实，关于这个问题至今也无人能解答。

我顺着一条祭坛旁的小路，慢慢向一间教堂密室探索。这里就是传说中存放教堂历史上最珍贵宗教文物的地方。这里的文物被当地人视为珍宝，可不是一般的东西。里面有主教们的冠冕，还有教袍，甚至手杖。可以说无论从做工到历史都价值连城。但是这么多的珍宝哪一个才是挪亚方舟的碎片呢？我找了一大圈也没有找到。因为挪亚方舟的碎片被存放在教堂当作圣物，并不是任何人都可以看。教堂内富丽堂皇，灯火通明，很多人不远万里来到这里，虔诚地点起蜡烛，把自己的愿望寄托在圣物上，他们相信这是离上帝最近的地方。我在教堂中发现了一扇门，难道碎片就藏在这个地方吗？最后我不耐烦了，找到一位神职人员问他挪亚方舟的碎片在哪里。当神职人员知道我是从中国大老远地来寻找挪亚方舟的碎片后非常吃惊，在他眼中中国不但遥远，也是被上帝眷顾的地方。我对挪亚方舟感兴趣他当然高兴了，于是这位神职人员就慢慢引导着我，最终来到了挪亚方舟碎片的存放地。

当我看到挪亚方舟的碎片时非常激动，我这一次探索碎片的举动堪比小小的朝圣。这块挪亚方舟的碎片呈灰褐色，长方形，一本大字典那么大，被一个纯金打造的框子所固定，框子上镶嵌有红宝石和绿宝石，金色的相框也是雕工精湛，在碎片的正中间有一个十字架，表现出此物的神圣。仔细观察会发现，这块碎片给人年代久远的质感，有着光亮的包浆，而且有一大块缺口。我认为不像是木制的，更像是金属制的，难道真的应验了挪亚方舟是 UFO 的传闻吗？在挪亚方舟碎片旁存放着据说是耶稣被钉在十字架后刺入其右胸的矛头，矛头被金色的盒子保存着。这到底是不是当时耶稣受难时的那个矛头，还很难说，但由于几百年前人们就把这个东西带回来了，所以人们相信这个矛头就是当时的原物。世界上有很多著名的教堂，之所以著名就是因为存放有耶稣的遗物。这件圣物且不去怀疑真假，流传至今能够亲眼看到，本身就是奇迹。

在艾奇米亚津旁边有一座小教堂，教堂门口安葬着曾经的主教和对教堂有贡献的人士。这些墓排成一排，把他们安葬在这里以示尊敬和敬畏。教堂里有一些漂亮的女孩打扮成天使的模样，手里提着花篮。我问她们是否来参加婚礼，她们说来这里参加一个弥撒仪式。在这里我又碰到了一群容貌精致的美女，她们是来参加婚礼的，在门口外边站成两排。当新郎和新娘走出教堂时，美女们把花瓣抛撒在两人的身上，表示祝福。然后新人来到广场放飞白鸽，象征着两人比翼双飞。

耶稣的矛头

寻找挪亚方舟的过程非常有意义，我认为我是被上帝眷顾的，完成了上帝的使命。我们听到过很多的神话传说，但是我认为最有意义的就是成为一个怀疑论者，去探索故事的发生地，寻找故事的真相。如果每个人都有这样的探索精神，我相信你的人生也会被上帝眷顾。

挪亚方舟碎片

探秘隐身的国中国——纳卡

在埃里温市区，大部分人都愿意乘坐公交车，可能是山地原因，走路辛苦，坐车是常有的事。公交车外壁上印有中国国旗，国旗下还有“中华人民共和国援助”字样，这让我感到很光荣。这里有很多小型的喷泉，整体的高度不高，水柱也低于普通人的身高。高加索地区的人们通过这样的出水口来喝水，当他们走累了口渴时，可以来这里喝一口水，歇歇脚。喷泉里是纯正的矿泉水，水质清澈，口感甘醇，水温冰凉。

旁边长椅上坐着一位聋哑老奶奶，她比画着手语跟我交流，原因是我要订一家旅馆，老奶奶告诉我说不要住那个旅馆，那里价格太贵，她家的旅馆又大又好又便宜。但是她也明白这是同业竞争，不让我们说出口，也不愿意让旁边的老爷爷提这件事，让我们心领神会就行了，意思就是如果有意向可以换一换住宿的地方。

纳卡大使馆签证处

我们是我们的山

其实在亚美尼亚和阿塞拜疆之间还有一个隐藏的国家，亚、阿两国都宣称对其拥有主权。这个地区不对外开放，披着神秘的面纱，我这个冒险者决定前去一探究竟，这个地方就是纳戈尔诺 – 卡拉巴赫。

纳戈尔诺 – 卡拉巴赫位于南高加索的内陆地区，简称纳卡地区，介于阿塞拜疆与亚美尼亚之间，包含小高加索山脉的东南支脉。这个地区常年在两国的战争和对立中生存着，没有人可以轻易到达此地。它是隐藏在高加索三国中的“第四国”，主要居民为亚美尼亚人。但是联合国并不承认它的独立地位，而视它为阿塞拜疆的一部分，实际上阿塞拜疆已经失去对该地区的控制权。2016 年 4 月，亚美尼亚和阿塞拜疆两国再次在该地区发生武装冲突，这也导致纳卡地区留下了许多地雷。

我来到纳卡地区就经过了一段雷区，曾有很多人在这里被炸伤甚至失去生命。为了避免风险，我只能沿着已有足迹，小心翼翼地通过雷区。进入纳卡地区需要先登记护照，还要接受边境检查人员的盘问，没有问题才能进入该地区。通过边检已经是晚上了，我不慎闯入一处空荡荡的校舍，大楼仿佛鬼宅般耸立在黑

拿花等待着姑娘

警察局

军队宣传海报

夜中。这里原来是一所学校，由于战争的缘故，现在已是人去楼空。据说这里也埋设了许多地雷。

沿着山路，我徒步爬上了一座小山，标志牌上写着山名“我们是我们的山”，这个名字想表现出纳卡地区的独立，证明这里是他们的地盘。山顶有一尊由当地特有的红石垒砌的雕像，是两个卡拉巴赫山区的老百姓，其中的老奶奶身着民族服饰，戴着头巾和配饰。这尊雕像是由苏联人民艺术家、亚美尼亚人谢尔盖·巴格达萨良设计，于 1967 年建成。雕像落成的那天，阿塞拜疆的领导人专门过来观赏，还提了一个问题就是雕像为什么没有腿，卡拉巴赫的官员机智地解释道，因为他们深深地扎根于这片土地。

走在斯捷潘纳克特的大街上，我发现这里的人警惕心好像并不是太强。凡是意识到被拍时，都愿意配合拍照，似乎很少见到外国人，完全与世隔绝。街道两侧的楼房和基础设施基本上都是苏联时期修建的。可以看到一栋楼房的楼顶竖着很多电视天线架子，从架子上拉出来的电线交错纵横，跟 20 世纪八九十年代的中国很相似。在街道旁边有一家花店，各种花卉摆在门外。老板是一位年轻女性，正坐在门口。她看到我朝花店走过去，马上站起来问我需要哪种花。我指着红色康乃馨问她价钱，她告诉我每束花卖两元人民币。我觉得老板很漂亮，就没有讨价还价。

我拿着花在街上漫步，一辆汽车在我身边停下来。里面的人摇下后车窗跟我打招呼，车后座坐着两个女孩，一个华人女孩和一个当地女孩，前座是当地一个年轻的男饶舌歌手。她们邀请我乘车同行，为了表示感谢，我说要把手中的花送给漂亮的女孩，然后就送给了当地女孩，她显得非常高兴。相信另一个华人女孩不会怪我，因为她已经有了心上人。我们的车在高加索大山里穿行，纳卡地区更多的秘密等待我发现。

下车之后，我决定跟着车里的朋友一起上山野炊。车里的那个女孩边走边给我介绍风景，还告诉我目的地是昂不瑞拉。走了一会儿山路，我们来到一个瀑布附近，这里已经有人开始露营。看见所有人都把鞋子脱掉光着脚走路，我也只好入乡随俗了。瀑布后面有一处类似于水帘洞的景观，我听旁边人的建议走进洞里，里面非常凉爽。在这里有好多游泳的人，洗完澡之后，不少女性穿着比基尼光着脚就走了，完全不在乎旁人的目光。在高加索我既看过裸体洗石油浴的大叔，也看过裸体晒太阳的大妈，这比基尼真不算什么。虽然是开玩笑，但是高加索人民的确热爱生活，非

和当地女孩到山里野炊

当地的水帘洞，据说可以在这里找到爱情

常享受大自然的馈赠。

我们过了一个窄小的独木桥之后，又来到一条小河边。两个男性朋友在河滩石头上搭了一个简易灶，并放上引火物和干柴，准备生火烤肉。点着火之后，一个人负责保持火堆燃烧，其他人用铁扦子把切好的肉块串成串，串完肉之后，我们把这些肉放在炭火上烤。等待肉串烤熟的过程中，那个纳卡女孩拿着玩偶小小

纳卡有回声的教堂

雷，一会儿给他梳头发，一会儿让他吸烟，玩得不亦乐乎，我开玩笑说小小雷找到了妈妈。过了一会儿，饶舌歌手和他的朋友把烤熟的肉从铁扦子上撸下来放到事先准备好的面饼上，然后把盐和其他作料撒在肉上，再用面饼把肉卷起来。他们递给我一个卷好的饼让我尝一尝。虽然做法简单，但是味道很棒，烤肉很有咬劲。吃完东西，感觉充满了力量，于是我加入跳水和游泳的行列，和他们在水中嬉戏。野炊的高潮是纳卡女孩表演的水上现代舞，梦幻的舞姿传递着纳卡不为人知的神秘。于是我在水中开始忘情地模仿她的舞姿。

在野炊地点附近，有一些卡拉巴赫先民曾经居住过的用石头砌成的房屋，几根木头横向搭在两边的墙上作为屋顶，这种民居形式是亚美尼亚人所特有的。这里曾经有一个村庄，因为纳卡与阿塞拜疆之间的战争而遭到严重破坏，现在只剩下残垣断壁，还有一些墓碑。离开山谷，我乘车来到纳卡地区的一个山顶。山顶上面有一个非常漂亮的教堂，教堂外观洁白如玉。教堂大厅里悬挂着几幅主题为圣母和天使的油画。教堂有一个地下室，我们一行人从大厅进入地下室，发现墙壁有传音的神奇功能。一个人靠在一侧的墙壁上小声说话，把耳朵贴在另一侧墙壁上的人就可以清楚地听见说话的内容。地下室里有一个小房间，里面还有烛台，是专门用来祈祷的。房间顶部有一个方形的孔洞，听纳卡女孩说在这里唱歌，上面的教堂大厅里就会听到许多人在唱歌。

第二天，我拿着行李准备离开纳卡，我在花店买了一束鲜花。离开之前，我还是念念不忘一个人，不知道她会不会出现，如果她出现的话，我将再次把鲜花送给她。最后，我在路边看到了她的身影，她跟我打了招呼，然后接过我的鲜花，并且给了我一个大大的拥抱，我跟她拍了一张合影。女孩和朋友们把我送上汽车，她不断地对我招手再见，脸上写满了依依不舍。

高加索既是山地民族也是顽强的战地民族，在它用热血与激情书写的历史上，有过那么多的帝王都想占据它，但是这里至今依然保持着高加索独具特色的人文情怀，如雕塑般扎根于此。历史总是在前行的，无论是神话传说还是现实故事都在激励着人们寻找真理。真正眷顾这里的不一定是上帝，而是人民本身，改变我们命运的不是上帝，而是我们自己。虽然至今用电子地图也无法找到纳卡地区，但是它就这样寂静地存在着，等待第二天太阳照常升起。

Thailand

泰国

Lei'Adventures

the Lost Mystery Place

刀枪不入的法力文身

泰国，是东南亚一个君主立宪制国家，尤其是前任泰国国王拉玛九世于2016年10月13日去世后，泰国人民用了整整一年时间来悼念这位他们敬仰的国王，可见泰国国王在泰国民间的影响力有多大。他唯一的儿子泰国新国王玛哈·哇集拉隆功登基后，人们突然发现在这位国王的身上居然能看到大量的文身，胳膊、肚子上都有。人们也开始猜测这位新国王文身的含义。既然泰国王室成员都有文身，那么泰国平民的文身普及率一定也很高，泰国的文身一定蕴含着某种意义。在这个国家，不同阶级的人都能找到自己的所需，这里也是神秘事件和奇风异俗的集聚地。

拍摄泰国视频专辑一直是我的心愿，但是泰国也是个非常传统的国家，人们对于泰国的了解仅仅限于旅游地区，我的深入拍摄就显得难能可贵，甚至要花不少银子。拍摄泰国的奇风异俗是从认识的几个阿赞开始的，阿赞就是老师的意思。据说，当地的阿赞给人文身后，此人便可以刀枪不入，身体强壮。雷探长对泰国进行探访，就是要找到法力文身的秘密。

经过多方打听，我前往曼谷北部。据说北部的大师掌握着独门刺青的技术，不知道是真是假，反正他们是被公认的古法刺青的专家。汽车行驶了几个小时，终于停到了田间的村屋前。这是一间两层楼的大房子，当然也可以理解为这是一种泰国式的吊脚楼，据说这是一位黑袍阿赞的住所。有关黑袍阿赞的解释非常多，比如隐居在山岭，远离城市，可以拿死者器官尸骨作法术，拥有强大魔法的师傅。听起来比较可怕，但是只要能给予他们好处，可能他们也会给予你同样的回报。

来到阿赞家，到访者的鞋摆满了门口，很多人也是慕名而来等待刺符。当我走上楼梯，阿赞正在使用古法刺青来给信徒文身。只见他拿着一根一尺半长的针，一头绑着一支很细的针头，尾端一头用右手拿着。为了保证刺青的效果，他左手端着前面的针头，控制着刺青的方向。就这样他一次次的往信徒的后背刺

文满刺青的东南亚男子和鲁士头赐福

去，动作就像用缝纫机绣花一样，非常快，且精准。被刺的客人只需抱着枕头低着头，就可以放心地任由大师摆布了。

这位黑袍阿赞最擅长的就是古法刺青，我发现他并没有事先在皮肤上画一个图案，而是直接在皮肤表面穿刺，可见技艺高超。据我了解，这也仅限于一些传统的图案，如果是一些比较细致的花纹，也还是要借助文身机来实现的。阿赞的两个手臂上也都文着泰国风格的古法刺青。他的身后也堆满了神秘的鲁士头面具。鲁士是以前隐居在山林里的禅定修行者，最早在喜马拉雅山修行，后来成为得道者的象征，具有强大的法力。我询问了被文的客人，他们来自马来西亚，非常相信这种力量。他们说没有打麻药，直接往身上刺，虽然痛，但是体现了一种信仰和诚意。

这位阿赞 12 岁开始跟师父学刺青，他一天最多可以接待 30 个人，刺一个符最快要半个小时。阿赞说现在用这种长针来做刺符是最有效的一种做法，现在

阿赞的手

背后刺青的女徒弟

很多人也会采用这些传统图案，但是却用机器来文身，文出来的图案虽然比古法刺青更清晰，可惜没有强大的功效了。实际上，要想有强大的功效，不但需要请有法力的阿赞，还需要使用一些特殊的“药物”加持。比如要想人际关系好可以在蘸颜料时使用人缘油，起到增强人际关系的作用。当然另一种更强大的药水就是尸油，我印象中尸油曾出现在香港的僵尸片里。传说获取尸油需要用一根白色蜡烛在尸体的下方烧烤，最后滴下来的就是尸油。当然尸体在腐烂的过程中，脂肪也会以油的形态流出来，也是尸油。无论哪一种形式，想想还是很可怕的。就在这时阿赞大师居然拿出一瓶尸油和一瓶人缘油，他说这种尸油是用死于非命的人的身体组织熬出来的。

这时候轮到一位美女在后背文身，她所要文的正是和安吉丽娜·朱莉同款的五条经文文身。但是她需要选择是用人缘油还是用尸油，尸油是要通过穿刺注入皮肤里的，但是把死者的组织注入体内是件非常难以接受的事情，我也有同感。旁边也来文身的人向她解释，这个尸油携带了死者的灵体，会带来财运。此刻师父也有些等不及了，不能因你的选择困难而浪费时间，最终她做出了决定，使用尸油。我接过尸油一看，一个玻璃瓶子里装满了浑浊的油状液体，液体里似乎还能看到皮肤、毛发、指甲这样的人体组织，也就是说里面确实存在死者的成分。

其实我见过的尸油还有更多种，比如膏状尸油，即固态尸油。正当我们在研究尸油时，只听窗外发出了“喳喳”的叫声，屋子里瞬间安静了。我也不知道是不是触犯了什么，大半夜的居然有这么响亮的叫声，鸟儿难道不睡觉吗？相信神灵的泰国人于是安静下来，继续做着手头上的事。大师默默地把尸油一针一针地刺入女子的皮肤里，完成她转运的愿望。

其实在泰国的探访本来只是想介绍一下当地的奇特风俗，让大家从知识的角度了解一下。至于真假这个很难回答，如果说是假的，泰国人相信了几千年而且非常敬畏，显然对他们不尊重。毕竟我国几千年历史长河中就有古代流传下来的民间蛊术，有的也存在着医学等科学上的一些道理，不过这些现在都在慢慢失传。了解泰国这些民间法术，也许就可以捕捉到中国那些失传法术的影子。

刀枪不入在很多人看来可能是天方夜谭，不可能的事，但是作为纪录片来记录，我们不能全盘否定，至少应带着求知的心态去探索，每一种文化都是一个民族留下来的文化符号，自然有它的意义。如果没有了这些古老的文化，一个民族可能也是不完整、不纯粹的。为了能调查得更详细，我找到了一位正牌高僧，这位得道高僧也许能从客观的角度帮我解释刀枪不入的秘密。

这位高僧在当地德高望重，现在已经还俗，在家中为人们指点迷津。雷探长经过长途跋涉，终于来到了这位高僧的家。这家房子是我见过的阿赞家中最大的，客厅就有 200 平方米。墙上挂满了泰国高僧的照片，还有数不胜数的文身图案。我最关心的还是这些文身的价格。经过观察，我发现价格都写在上面，正牌高僧到底是不一样，事情做得光明正大。一幅美人鱼图案是 3000 泰铢，相当于 600 元人民币。虽然这个价格比我想象的便宜，但文身者成本实际上是很高的，比如千里迢迢来到这个地方，又坐车绕着山路进入农村……这位高僧的拿手文身是自己独创的十二手拉胡图案。拉胡是泰国佛教中的天神，传说拉胡在天庭被日神和邪神月亮诬告成邪神，被拦腰斩断，只剩下头部。最终拉胡沉冤得雪，被查明是正神后，他惩罚了诬告他的日神和邪神月亮，他死死地咬住了月亮，所以又被称为食小人佛。日食和月食之日也成为泰国人心中最吉利的日子。

既然遇到了泰国高僧，我也便乘机请教了他一些问题：

我：请问阿赞，早期的文身是什么样的？

文身的图案款式多样，每一个都有寓意

阿赞立当：早期是用水调和锅底灰做成颜料刺符。

我：请问阿赞，法力文身的作用是什么？

阿赞立当：就是让你变成好人，禁忌就是不能当第三者去破坏别人家庭，刺了就必须遵守。学习刺符的要尊重师父，如果没有学过，黑巫术是不行的。

我：问一个世俗问题，很多人喜欢这些符的图案，但是并不尊重它的禁忌，这样对他有什么影响呢？

阿赞立当：不行，必须遵守，凡事都有因果。

我：在阿赞的加持下，很多信徒会有身体发疯、乱摆动的反应是怎么回事？

阿赞立当：在医学方面，医生解释说是他自己的幻想。

我：什么样程度的发疯是真的，是可信的？

阿赞立当：大概不超过三分钟。

在阿赞立当家里的墙上挂着各种各样的文身图案，前来拜访的客人身上也文有各种各样的文身。有的看上去传统古朴，有的则因为用了现代的技术而显得更加精美。为了深入采访，我要求一位客人脱掉衣服让我看看他的文身。这位客人还不好意思，我说文身不就是让人看的吗，多酷啊。其实生活中我发现很多文过身的人也不屑于穿衣服，能有机会露胳膊的就露，能露腰部的就露，只要身体某个地方有文身，就要露。文身的人平时看上去很危险，再加上肌肉会给人一种威猛的感觉。再三邀请下，这位客人终于同意脱掉上衣。当他脱掉衣服，我被惊呆了。他身上密密麻麻的全是文身，这些文身都是一些古怪文字和神秘符号的组合，当然也有在泰国经常能看到的神灵。

哈奴曼是印度教中的猴神，东南亚地区的许多人都供奉他。这里的人们喜欢在身上文八臂哈奴曼。这位神既然有八条胳膊，每个胳膊上就有一个法器，象征具有更强的战斗力。

还有一种图案叫人缘鸟，也很神秘。两只长相奇特的鸟面对面，周围还有一圈古老的文字做陪衬。据说这种文身可以让人际关系变好。俗话说，人际关系好才可以财源广进。人们一般会选择将人缘鸟刺在大臂上，只需要 50 分钟就可以刺完。

还有一种文身图案是一位拿着弓箭射出无数神箭的纳莱天神，据说此文身可以让那些司机在路上不出车祸，逢凶化吉。还有用古老文字堆砌起来的文身图案叫九峰塔，一般放在所有文身的最上部，可以起到让整个文身统一起来的装饰效果。潘安娜是泰国古时候的龙，是吉祥的图腾。在很多泰国寺院的门口，都可以看到用潘安娜装饰的大门。在这里也可以把潘安娜变化成人首蛇身的男神、女神，然后文在身上。

虽然阿赞立当科学地解释了我的问题，但是文身为何会有法力，又是靠什么原理让人身披金钟罩铁布衫刀枪不入的呢，说太多也不如亲眼见识一下。于是我请求阿赞立当能否砍我几刀。阿赞立当听了我的请求犹豫了片刻，希望我吃完饭再试，于是我就等到吃饭。吃完饭后我又提出试刀，他又说等他忙完了再试，就这样我又等到了晚上 11 点。我怕夜长梦多拍不到可怎么办，这时候我又提出试刀，立当师傅说："好吧，你把衣服脱了。"当我把上衣脱了之后，他惊奇地说："怎么，你没有文身？"我说怎么了，阿赞立当露出了笑容，看了看我的身板竖起大拇指，好样的。他接着说："既然是法力文身，那肯定要先有文身啊。"我说没有文身可以试刀吗，他说不可以。后来我好说歹说，他都不同意。在我决定放弃时，一起来文身的一位小哥主动提出希望阿赞立当能够给他试刀。阿赞立当当

阿赞立当在给客人古法文身

即同意。我同时也很感谢这位小哥，正是因为他的无私奉献，才让我们看到了这些内容。

首先，阿赞立当用一个竹子劈成条做成刷子放进装满水的坛子，之后拿出刷子往刺青者身上洒水，泼洒中能感觉到这是一场不同寻常的仪式。然后，阿赞立当会往信徒身上吹气，预示着赐予他某种信息和力量。此时重点来了，阿赞立当先从水坛里拿出一把光亮的刀，这把刀还滴着冰冷的水，接着直接向体验者的肚子中心戳去，连续戳了 20 刀。一般情况下信徒往往由于各种原因不能乱动，但是我能感受到他内心在挣扎，因为我都感觉到浑身刺痛，痛感都到嗓子眼儿了。紧接着，阿赞立当左手揪住信徒的头发，右手持刀开始在他的咽喉部来回地抹，这个力度完全可以把头砍下来了。我偷偷看体验者的表情，能感觉小哥被吓得半死，因为他脸憋得通红。再看阿赞立当，在专注地试刀。接着刀又在腹部开始捅。我在挑选每一个词时，都想尽可能地还原我的感受，什么捅、戳、抹这些都无法完全表现当时的那种力度。做过手术的人可能有感受，看着皮肤很薄很脆弱，当手术刀下去时，要用很大的力才可以切开皮肤。

在体验者的肚子上，阿赞立当选择好几个地方往里面戳，我真的担心，一不小心肚子会被刺破，肠子会流出来。阿赞立当让试刀者背过身去，什么！难道后背也要被刀戳，这怎么受得了？结果后背直接变成案板，阿赞立当如同用一把切菜刀在对方后背上开始上下划，速度非常快，我想就算是在石头上，也应该划出了印子，

阿赞立当在给客人试刀

更何况是人皮。然后师傅又猝不及防地从背后袭击试刀者，又将他的脖子给勒住，然后来回地抹刀，砍了 40 次左右，最后一下阿赞立当猛地将刀一划，这刀尤其狠毒，感觉最用力，就如同杀人封喉。本以为全部结束时，阿赞立当又在他的腰间开始戳，刀尖深深地戳进腰里，刀陷了进去，脂肪也完全挤成一堆。看得我心惊胆战，汗珠子都掉下来了，真的害怕有什么失误。虽然戳在他身上，却痛在我心。终于大功告成，师傅完成了仪式。

我赶紧把试刀小哥拉过来，检查他的伤口。仔细一看，虽然没有大面积出血，但是能够看到刀划出的一条条血印，甚至能看出如同鞭子抽过的痕迹，凡是刀划过的地方也都肿了起来，连小哥自己都快被吓死了。虽然可以看到一些痕迹，但是用这么大的力气刀还没有戳进身体，感觉好厉害。

看到这里，一定有人会认为这是假的吧，是在演戏，一定是刀有问题。其实制作这样的节目本身就存在一个要解决的问题，因为全世界人们的信仰和价值观是不一样的，用本民族的眼光去看对方总有很多事情难以理解。我觉得无论真假，至少先尊重这样的风俗。试想一下，即使把刀处理得很钝，用这个力量也会把皮肤弄伤，就连很轻薄的纸张也会把手指割伤。所以刀还是刀，我相信师傅一定有自己特殊的使用手法。

我认为这个试刀的仪式蕴含着一个很深的哲学思想，当人被很大很强的压力折磨时，要有一个信念，首先要有定力，其次要信。人生也如此，看你信什么，既然有了文身，剩下的就是自信，凡事要有信心。刀只是内心外化的一种体现，人抛弃这种压力时是会解脱的。只要有信念，一切就能成功。只要信，就有可能。不过我解释了这么多，还是希望大家不要私自尝试，小孩也不要模仿。什么人做什么事，你我也只是看客。

拍摄影片最难的就是照顾观众的情绪，回答观众的疑问，我能猜到观众的想法：雷探长只是拍了一个过程，没有真的揭秘。为了不让大家觉得雷探长是站着说话不腰疼，于是我又找了另一位师傅，让他来帮助完成我试刀的心愿。这位师傅愿意为我试刀，他先问我有没有文身，我说没有。于是他想了想，准备帮我解决这个问题，我也做好了准备。首先，我换上了一套东南亚男人的裹裙，也就是“纱笼”，然后这位师傅用圆珠笔蘸着尸油在我的舌头上划符。接着我跪在地上，师父拿起砍刀对准我的大腿，举起刀就砍了下去。力量非常大，一刀下去，似乎要把我的灵魂砍出来了，下手真的非常狠，接着又砍了一下，每砍一下我都要尖叫一声，实在太惊悚了，他举起砍刀时人就吓得半死了。大腿就这样被连砍三刀，仔细看我的大腿，能看到被砍的痕迹，但是没有出血，可是腿被砍处在一点一点地红肿起来。三个月后红肿才消退，至今大腿上还有三条伤痕印子。

为了体验刀枪不入到底是真是假，我特意体验被阿赞立当砍了三刀，大腿肿了三个月，留下三道印记

刀枪不入的法力文身满足了人们内心深处的梦想，其实每个人本身就可以无所不能。许多人一事无成，就是因为缺乏自信，低估能力，妄自菲薄，以至于使自己可以实现的成就被大打折扣。我想法力文身酷炫的图案，一定程度上也是在帮助人们提升自信，这可能就是他们的制胜法宝。

泰国诡异的转运仪式

千百年来，世界各地的人们都期盼自己的生活顺利平安，即使一时遇到天灾人祸，也能很快转危为安，人们认为是神灵在左右着自己的命运，于是制作贡品献给神灵祈盼风调雨顺。泰国也不例外。泰国在长期的历史发展过程中形成了各种各样的转运仪式，如魔法蜡烛、躺棺材、四面佛、佛牌、古曼童……每一种都寄托着人们内心的渴望。接下来，我就来寻找一下这些看似轰轰烈烈却又心照不宣的转运仪式，看看这些仪式到底有没有科学根据。

我是深夜来到四面佛的。四面佛在泰国非常有名，据说有求必应。我看到金光闪闪的四面佛周围全是人，他们跪在地上烧香磕头。我不相信什么有求必应，因为人的命运是掌握在自己手里的。为什么会有这么多人相信四面佛呢，这要从四面佛的安置说起。

四面佛于 1956 年供奉于此，当初兴建爱侣湾酒店时多次出现建筑事故，于是就请了这尊神来避邪，才使得酒店能够顺利建成并开业。很多港台演艺界名人希望发展顺利，也会来求四面佛。更夸张的，据说还有信徒为了还愿会为它裸体起舞。现在我们看到的四面佛四周围起了塑料布，这又是怎么回事？原来 2015 年 8 月 17 日晚，四面佛周围发生了大爆炸，尸块遍地，四面佛的面部也严重受损。更为离奇的是，当犯罪嫌疑人被抓获时，人们发现四面佛受损的下巴处和犯罪嫌疑人的下巴处同时长出了白色的胡须。这被人们认为是四面佛的神迹，仿佛神灵无形地在指认着犯罪嫌疑人。种种神迹，让人们相信四面佛具有灵性。还愿时，只需要给舞者付一些费用，就可以用舞蹈的形式表达感谢，这也是泰国佛教的最高礼节，因此还诞生了这一类型的佛教舞蹈。

说到这里我相信人们还是善良的，只要四面佛存在，就象征着泰国的繁荣稳

四面佛

定，这是艺术和商业的完美结合。但是是不是所有的祈福都是阳光的呢？其实在泰国还有另一种诡异的转运仪式，小小的蜡烛就可以决定一个人的命运。为了一睹蜡烛转运的真面目，雷探长走进北柳府。

在北柳府我见到了这位高僧，刚一走进他的家，一只看门犬居然会向着大师跪拜，这给我传递着一种特殊的信息。这位阿赞是一位出家人，他学习做蜡烛已经有 10 年了。我发现在他会客场所的四周全是蜡烛，祭坛上还有尸油和各种佛像。我好奇地问他，你要做这么多的蜡烛，那么原材料都是从哪里来的？大师说，都是寺庙里供奉的蜡烛烧剩下的，被他收集过来做成魔法蜡烛。既然是蜡烛，蜡烛里就会有些可以燃烧的成分。而且他的尸油很特别，里面会浸泡压口钱。压口钱就是死者口中含着的钱币，希望逝者到阴间能一直有钱用。在暹罗时期，盗墓者撬开棺木，取走压口钱，压口钱有避邪的作用。在中国古代，贵族会在死者口中放玉或者夜明珠，普通人则会在死者口中放入一枚钱币。所以这种钱也叫咬舌钱。

除了独特的原材料，制作者还会将符咒卷入蜡烛，制成古老神秘的转运蜡烛，这就是得了法力加持的蜡烛。所有蜡烛里最狠毒的是一种黑色蜡烛，这是一种黑巫术，也就是类似诅咒的魔法。这些黑蜡烛里融入了死者的骨灰、骨头、葬礼时烧的蜡烛。结果我闻了一下这种蜡烛，很担心这样闻有没有问题。结果师傅说没问题，但是师傅又说最好不要闻。本来没有事情，师傅这么一说我反而感觉很可怕。毕竟是含有骨灰的蜡烛，我怎么随手就拿，难道我真的不拘小节到这种地步了吗？

魔法蜡烛

大师说他之所以选择做转运蜡烛，是因为自己在年轻时，经常被人欺负，事业无成，老板又不喜欢自己，于是在别人给做了转运蜡烛后，他决心自己做，于是现在在为别人做转运蜡烛。你要问我相不相信这个，雷探长接触过世界很多地方的巫术，有墨西哥吉卜赛女巫的，还有美国女巫的，我觉得凡事都是有因果的，魔法只惩罚恶人。好比没有一位巫师可以长命百岁一样，巫术也属于信仰，并不是灵丹妙药。

当然躺棺材也是一个很邪门的仪式，在泰国非常普遍，但是外国游客很少参与。在生活中按正常的逻辑我们都会尽可能远离死亡，远离危险，谁会把自己和棺材联系到一起。但是在泰国就有这样的一种仪式，让人躺进棺材，然后盖上盖子，当和尚们做完法事，再出来时运气就会变好。当然这样的仪式我已体验了一把，实在是非常难忘，这也是我第一次躺进棺材里。在中国有一种说法，如果离明器比较近的话会折寿，或者说晦气得很，但是泰国人就是这么“奇葩”，总是把骨灰、尸骨、坟头的土做成尸油带在身上，最后连棺材都不放过。躺棺材前，会给客人一束兰花，客人还要拿上和自己出生日期对应的有色蜡烛。

据史料记载，曼谷王朝延续了“颜色文化”，王室成员衣服的颜色从星期一到星期日每天一色，绝不可变，否则就会自贬身份，被看作平民或乡巴佬。上流社会也纷纷效仿，直到泰国改君主制为君主立宪制，加上西方服饰流行，这一习俗才逐渐淡化。泰国还有每星期每一天有不同代表色的习俗，因此礼佛蜡烛也有七种颜色，哪一天生日的就选用哪一种颜色的蜡烛来烧香拜佛。如：星期日——红色，星期一——黄色，星期二——粉红色，星期三——绿色，星期四——橙色，星期五——蓝色，星期六——紫色。此外也有每天不同代表颜色的七色香，香味也各有不同。

雷探长曾经拜访过一个泰国非常著名的叫“绿屋”的鬼屋，这个鬼屋之所以刷成绿色，就是因为男主人出生的那一天代表色是绿色，绿色是他的幸运色，可见泰国人非常遵循这些规矩。接着，寺庙会发给你一桶生活用品，这个步骤反而很吓人，似乎要急匆匆地赶往冥界一样。大师念经也是用线把每一个人的头绕起来，连接在一起，就像一个土电话那样，似乎意念和信息可以通过这条线传播开来。这时候我开始模仿其他人从钱包里拿钱，就像民间的烧纸钱，泰国人也希望

躺棺材前祈祷

庄严的佛像

死后有好多生活费，只是这一次是给死后的自己准备的。

我来到一排棺材前，这些棺材制作得闪闪发亮，非常漂亮，毕竟是棺材，可没有那么美好，外面冠冕堂皇，棺材里面却是粉红色的缎子面，散发着一股葬礼时的艳俗气息。当师父示意开始时我壮胆走进棺材，然后按照流程把自己准备的钱放到了枕头上，开始和其他人一样站着祈祷，直到可以一下子躺到棺材里面。这时帷幕渐渐合上，停止了和外界的联系，似乎世界也清净了。我开始思考，这个仪式的原理是什么，据说就是让前世的冤家或者此刻的死神找不到自己，以为自己已经死去，可以躲过一劫。尽管如此，我还是把这里当成宾馆，好好休息了一下，反思了自己的人生。

我出身于一个普通的工人家庭。父母都是50后，对于发财致富不抱任何幻想，他们认为有一半的原因在于他们周围的人也都是这样的命运。大学时我选择了导演专业，毕业后发现我依然没有钱，连上街吃碗面都买不起。于是我做过很多的工作，配音、演员、导游、教练、学校艺术指导，甚至造型师、驯狗师、晚会主持、美术老师等，这些职业让我感受到人间冷暖。唯独能让我赚到钱的就是晚会编导这个工作，虽然我曾想一度放弃这个艰苦又费力的工作，但是每次命运

躺在棺材里

在转运寺庙大门外

又让我重拾它，这个职业是我18岁时就开始从事的。我后来就开始自己学习裁剪制作舞台服装，因为每次租赁演出服都是不靠谱的贵。我想掌握这个“主动权”，这样我才能赚到钱。

记得有一次我要在两周的时间做出12套复杂的演出服，我不吃不喝黑白颠倒地缝衣服，尽管是给别人作嫁衣，但是我依然乐此不疲。深夜小区里回荡着我的缝纫机声，凌晨4点，实在是眼睛花了，一不小心，缝纫机针一下子扎进了我的左手食指，指甲盖都开了，鲜血直流。当时我已经麻木了，不想再去清理，自己拔出缝纫机针头，用卫生纸一裹，继续缝衣服。后来我拿着这几年来赚到的所有钱开始自费拍摄环球探险纪录片，成了一名纪录片导演。我能走到现在，我的核心竞争力就是永不放弃，比一般人更有责任心。我的人生旅途中没有同行者，唯有信念与我同行。

我躺在棺材里回忆了我的过去，自己也流下了眼泪，仿佛真的要告别这个世界。当帷幕揭开时，我从棺材里爬出来，仪式结束了，我仿佛真的重生了一回。泰国是一个充斥着各种神灵的地方，很多人前来拜佛求经，当然这也成就了泰国很大一部分的国民生产总值。这些仪式不排除有赚钱的嫌疑。命由天定，运在人为，有目标的人睡不着，没目标的人睡不醒——可能因为不知道醒来后去干什么，生命只有走出来的精彩，没有等待出来的辉煌。

一定要记住，人的命运是掌握在自己手中的，命运并不是一点不存在，它会偶尔出现，为你指点方向，最终如何去选择，又在于自己。什么样的人就会有什么样的选择，而且最后变成什么样的人。说到底，转运不是直达而是开悟，人生九九八十一难，如果每一次都要转运，那么需要做多少次转运仪式呢，有这时间何不苦练七十二变。总之，命是失败者的借口，运是成功者的谦辞。

半夜玩耍的古曼童

据说在东南亚，很多人家里都供奉着一尊天真可爱的孩童雕像。它们立在那里不声不响，人们却像对待真正的孩子一样陪伴它们，这就是传说中的古曼童。古曼童到底是神还是鬼，为什么人们对它如此痴迷，我将专程对它进行一番探索。

古曼童其实相当好找。泰国街头巷尾都有古曼童的踪影，有人会把古曼童放在院子的围墙上，有人会把它放在自己开的饭馆的祭坛上，有人会把它放在家里的佛像边。这些小雕像都是泰国古代孩子的形象：高耸的发型，穿着肚兜，样子就和仙童一样，因为古曼童的本意就是“金童子”。

说起古曼童的来历，要追溯到泰国阿育塔亚时代。当年在国王身边，有一位级别很高的战士叫坤平，在一场战役后他们占领了一座城市，城市首领把女儿作为礼物献给坤平，让他们完婚。后来坤平和这位首领关系不断恶化。首领要求女儿在坤平的饭里下毒，坤平知道后先杀死了妻子，然后剖腹将妻子肚子里的婴儿取出来。他把婴儿带到寺庙后关了庙门，点了一堆火，用写满经文的布包裹婴儿，然后一边诵经一边在火上烤，直到婴儿变干变小，最后变成一个可以和他说话交流、活蹦乱跳的灵魂，坤平为他起名为古曼童。每当坤平打仗遇到危险，古曼童的灵魂都会出现，帮助他百战百胜。这个传说成了泰国最经典的故事。

很早以前，我就拜访过一位泰国普吉岛的大师。他家里的祭坛上摆满了各式各样的神像，当然最显眼的就是古曼童。如今最好看的古曼童都是用树脂制作，他们有的双手叉腰，代表健康；有的在招手，代表招财；有的举起拳头，代表守护主人。这位师傅告诉我，古曼童是孩子的塑像，一般会把一些流落街头无家可归的小精灵召唤来，然后注入雕像里面。把古曼童成功请回家的标志是，请古曼童的人会做一个梦，梦见一个孩子和自己打招呼。听起来是不是很恐怖呢。据说

死于非命的人的头骨

古曼童非常喜欢红色的饮料，一定要供奉红色的饮料才可以，这种饮料也会慢慢被吸光。

但是泰国民间也有另一种说法，供奉古曼童对自身有危害。一名女子满怀希望地从寺庙中请来一尊古曼童，她把它当成自己的孩子小心翼翼地抱回家，阿赞告诉她如果请到了古曼童会做梦的事。当天晚上她真的梦见一个小孩与她对话。此后，她为这尊古曼童买了很多零食和它最爱的红色饮料，女子的运气也越来越好，工作顺利了，感情也得到了发展。女子每天都很快乐，认为古曼童真的在暗中帮助自己，便越发的喜爱起这尊古曼童，还给它买了新衣服。

一天夜里，女子在睡觉时，突然听到周围有小孩在玩耍的声音，她顺着声音向屋外走去，竟看到垃圾桶在地上滚来滚去，似乎有小孩在家中玩耍过，小孩的笑声来自供养古曼童的地方。女子惊慌失措，走近一看才发现，早前供的红色饮料竟然真的少了一半。女子害怕极了，立刻拿来更多的零食和饮料，祈求古曼童不要再吓唬自己。在接下来的几天里，女子好像变成保姆，一直在家带着一个孩子，时而抱起他，时而喂他吃饭。这段时间里，她的身体越来越差。她渐渐地开始怀疑，甚至责怪古曼童不但没有保佑她，还害她生病。最终女子下定决心，将古曼童丢出家门。回家后，她咳得越来越凶。随手拿起了供给古曼童的红色饮料，谁知道刚喝了几口，就呼吸困难。仿佛有什么东西在掐着她的脖子，女子痛苦地倒在地上挣扎。最终，痛苦地离开了人世。

这个故事不知真假，很多人也都遇到过无法解释的事情。询问这位师傅有没有遇到过古曼童的怪事。他说，有一天在客厅里，他突然听到里屋的祭坛上有什么动静，结果没有管。紧接着又听到小孩子的说话声，他跑过来一看什么也没有。第二天，他看见紧挨着古曼童的墙上有一个孩子的脚印印在上面。他认为，这就是古曼童的灵体留下来的。我也仔细地找了找，真的在墙上看到了这个脚印。师傅说一旦不想再供奉古曼童的话，千万不要扔掉，要把它们送回制作它的地方。除了这些寺庙里请来的古曼童，泰国还有另一种古曼童，叫阴古曼童。据说它们的制作更是匪夷所思。那么阴古曼童到底是如何制作而成的呢？和一般的古曼童又有什么区别呢？

阴古曼童

这种阴古曼童使用更为原始的材料，且都是泥塑，底座部分是掏空的，然后阿赞会在这个掏空的部分放进去骨灰、七坟土（七座坟的土）等需要的物质。按照当地习俗，这样的阴古曼童才是用正宗的制作方法制作的。

泰国人非常崇拜古曼童，我向泰国高僧阿赞立当请教了一些关于古曼童的问题。

我：请问立当师傅，正古曼童和阴古曼童的区别？

阿赞立当：其实正古曼童就相当于中国的观音菩萨旁边的善财童子，泰国叫作“古曼忒”，属于地仙层次的了。属于仙了，按中国的话来说，就叫作精灵。但是另一种就是纯粹的鬼。

我：古曼童如何帮人做事？

阿赞立当：小孩子死了以后，还没有去投胎，然后来帮你做事，做好事那种。这种就是请他来帮我们，是请他来入灵。请鬼的，则是强制性拿他来。也就是说正古曼童和阴古曼童一个是请，一个是强制性。

据说泰国阿赞使用的法术很多技能都源自缅甸，所以泰国北部云集了很多高深莫测的阿赞师傅。雷探长为了找到最传统的古曼童，便向泰国北部、靠近泰国和老挝的边境驶去。我在湄公河畔的小山村里见到了我要寻找的阿赞师傅。这位阿赞也是隐居多年，不见生人，衣着简陋，行动怪异，躲在自己的小屋子里。在他的祭坛上摆放了很多我从没有见过的古曼童，都是很传统的造型，泥塑或者木雕，看着就像一个个从坟墓里挖出来的出土文物。这些孩子的打扮更加古老，一个个高耸的发髻，还有红肚兜，不但制作方法传统，就连外形也十分具有民族性。

此时阿赞拿出了一个看起来更加特别的古曼童雕像，于是我问阿赞师傅这是什么材料做的，阿赞说是用一些人的骨头、七坟土等材料，全部打碎了混合在一起做成这个样子的。这样的塑像是阿赞师傅亲手制作的。可见这样的古曼童从制作材料上就更加具有挑战性，可以用骨灰来直接塑形，谁敢随便把骨灰摆在家里呢。

实际上除了供奉泥塑的古曼童和骨灰为原材料制作的古曼童外，还有一种是直接用肉身制作的古曼童，就是用孩子的尸体制作成护身符。供奉肉身其实是有渊源的，人类很早以前就有对死者肉身的崇拜，比如肉身活佛。肉身活佛是佛教界的一个文化现象，是指修行到一定境界之后，身体会永久不腐朽。信徒们相信这些活佛身体中藏着强大的精神力量，于是纷纷顶礼膜拜。能做到肉身不腐朽的，一定是修成正果的得道高僧。

豹子路过

实际上肉身古曼童在泰国一般叫“路过”，这是音译，中国人也这么称呼。很多生命以肉身的方式都可以做成“路过”。在一位阿赞师傅家中，他给我展示了一个毛茸茸的小动物，不知道的人以为这是一个睡着的小猫咪。但你仔细看，这其实是一个已经死去的小豹子。它蜷缩着身体，憨态可掬的表情，完全想象不出这是用来辟邪招财的护身符。

泰国人一般会将这样的动物身体封存在一个塑料外壳当中，这样方便携带。接着再看它的身体，身体上会缠着一圈线，这些线会包着一些金色的小细管，这些管子叫“符管”。符管就是在金属片上面刻上经文，然后再卷成卷绑在小豹子的肚子上。阿赞说有猫胎路过、虎胎路过，当然也有人胎路过。至于人胎路过什么样，我的引荐者拿出手机，给我展示了他拍到的人胎路过。当看到手机里的视频时我真的惊呆了，以前只在恐怖影片里看过胎儿尸体，影片中有用死胎包饺子吃的内容。可是谁会把胎儿挂在身上呢？实际上我还是很想看看真正的人胎路过。

人胎路过也被民间称为“养小鬼”，在这位黑袍阿赞家里，他给我拿出这个神秘的东西。当他神神秘秘地从一个小盒子里取出来时，整个现场气氛都凝固了，谁也不敢呼吸，因为眼前正是一具胎儿的尸体，也可以说是胎儿的木乃伊。他全身发黑，蜷缩着，从身体比例上看，头更大，深深的眼窝，双脚交叉。更细致的是，可以看到它的生殖器，是个小女孩。天哪，这样的东西谁敢拿在手里

婴儿标本，人们也会为他们送上玩具祝福

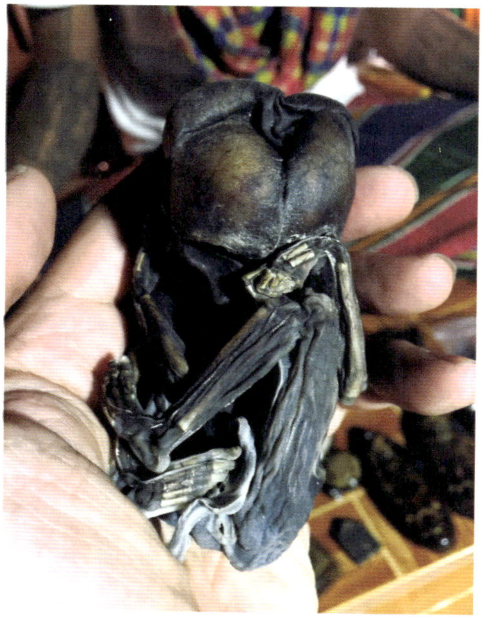
人胎路过

呢。我试着将这个小干尸接过来，路过的身上有一股淡淡的腥臭味，就是尸体放时间长了的味道。我小心翼翼地拿在手上，仔细地翻看，不敢去捏，因为很有可能会把他身体什么部位碰断，比如脚部，尸体实在太小了。

其实我很疑惑，这些死婴是从哪里来的。我脑补了一下，这是被医院丢弃的？还是刨坟刨出来的呢？这位阿赞说：“这具死婴不是打胎得来的，是自动流产的。”我问这个路过有什么作用。阿赞说：“工作方面、财运方面会有帮助。”我又问，这个是摆在家里还是供养起来。阿赞说：“看你怎么方便，你要摆在家里面也行，你随身携带也行。”我又问会放坏变质吗？阿赞回答：“不会的，就跟我们自己的孩子一样。”就在我采访阿赞时，室外突然下起了大雨，雨点打在他简陋的屋顶上，发出了噼里啪啦的巨大响声。他的房子里会有老鼠和蛇出没，最关键的是在墙上趴着一只巨大的蜥蜴，也许是一只成精了的壁虎。我一看到就立刻大叫起来，大壁虎受到惊吓，马上甩着尾巴大摇大摆地爬走了，藏在了房间的某一个角落，不知道下一次又会从哪里爬出来。这让我浑身起鸡皮疙瘩。

阿赞告诉我，养小鬼并不是传说，尤其在演艺界，很多明星会专门来找他，请小鬼回家，就为了事业兴旺。演艺界是一个变幻莫测的世界，没有谁会一直红下去，演艺明星更相信命理。不过我觉得人生最大的财富不是自己拥有什么，而是能克制自己的欲望。水至清则无鱼，人至察则无徒，有些东西本来就不属于自己，不用什么都搞得那么明白，什么都必须争第一。就像和爱人吵架，争的是理，输的是情，有些东西不去争反而就等于得到了。其实使用巫术也是在和心魔作交换，一旦心魔打开，可能自己就会着魔，自己就已经不是原来的自己了，而成了欲望的奴隶。

Myanmar

缅 甸

Lei'Adventures

the Lost Mystery Place

千塔之国吃昆虫的奇葩经历

缅甸，位于东南亚国家的中心，其佛教历史比泰国长。公元7世纪，缅甸就是万户大国。849年，披因比亚建立蒲甘王国。Bagan（蒲甘）是缅甸的国名，后来英国殖民者称缅甸为Burma，这个英文名字就源于蒲甘，西方人沿用至今。蒲甘位于伊洛瓦底江畔，拥有世界三大佛教遗址，被誉为万塔之国。

蒲甘平原真的是一个世外桃源，也是冒险者的乐园。据统计，这里大大小小的佛塔有2000余个，不是一天可以探索完的。在蒲甘有很多不知名的巨大佛塔，因为地震而一度被关闭大门。当我来到一处闭门已久的佛塔时，被它的壮丽和精美的外观震撼到了。于是我偷偷地顺着被关闭的铁门的缝隙爬了上去。佛塔的楼梯不次于古墓，完全是封闭潮湿的。由于佛塔年代久远，已经有1000多年的

俯瞰蒲甘平原

夜里探秘神庙

蒲甘佛塔群

历史了，走廊完全变形，很多笔直的走廊都成了S形。我走在里面就怕屋顶塌下来，毕竟封闭已久。这些佛塔都是由红砖砌成，内部比想象的复杂，楼梯纵横交错，甚至不止一道门，里面还会有密室和阳台。这些设计也映射了与佛教有关的一些数字。当我来到佛塔顶部，正巧一轮红日从西边落下，一道霞光照在我的脸上。看着这轮红日降落在蒲甘平原，我似乎感受到了佛祖的祝福。

但是缅甸不只有瑰丽神秘的建筑，还有匪夷所思的零食。在景栋山区，人们流行着吃昆虫的习惯。东南亚属于热带地区，万物生长茂盛，虫子都长得很大。比如炸蚂蚱、炸蟑螂、炸蜘蛛、炸竹虫，其中蟑螂、蜘蛛我都已经品尝，吃的过程也是惊心动魄，最重要的是不知道如何下口，从哪里开始吃。最难下咽的是竹虫，竹虫是生长在竹子内部的肉虫，靠吸收嫩竹的汁水而生。我看到当地人把竹虫泡在一个大铁盆里，一堆虫子在大铁盆里蠕动着，密集恐惧症患者看了一定会吐。

我从水里挑起来一只又肥又大的肉虫，要往嘴里放，老板都恶心地看不下去。其实他们本地人都不这么吃，我居然还这么吃。我把竹虫放到嘴边，虫子用力挣扎，似乎在做最后的反抗。当我放到牙齿上时，它反而不动了，开始装死。当我开始咬时，它居然又开始疯狂地乱动，估计是觉得无力回天，在做最后一搏。咬开肉虫是件非常难的事，一口是咬不断的，于是我左右撕咬。最终"噗"的一声，竹虫肚子爆开，白色液体流了出来。我的感受是，太难吃了，非常苦。

很多电视里野外生存的节目也在误导人们，其实虫子并不是人可以直接吃的东西，必须做熟了再吃。因为虫肚里面有细菌，吃了非常危险，生吃虫子也有违伦理，我不推荐。

还有一次，我在韩国很想体验一下韩国电影里的活吃八爪鱼。这个要求遭到很多老板的反对，他们没见过直接把八爪鱼放嘴里的。一位女老板好心地为我提供了一个活吃八爪鱼的方法，这是韩国的传统方法。她用一根筷子把章鱼的内脏挑掉，再用筷子把章鱼的所有腿给卷起来，蘸上香油让我一口吞掉。当章鱼在我嘴里时，它马上乱动起来，开始挣脱，力量非常大。它的腿上有很多个吸盘，吸着我的口腔内壁，并往我气管和咽喉处伸展。老板让我赶紧咬碎，不然后果不堪设想。我硬是一顿乱嚼，最后才把它吞了下去。

生吃竹虫

吃油炸水蟑螂

吃炸蜘蛛

炸蚂蚱

当然吃蟑螂也很刺激，缅甸当地人会吃一种水蟑螂。这种蟑螂个头大，长相凶猛，飞起来翅膀张开——好大。当我拿到炸好的大蟑螂，真不知道该怎么吃。老板让我问问旁边的婆婆。我看到旁边有一个摆地摊的老婆婆坐着，于是就过去让她帮忙。她看我一脸懵样，于是哈哈大笑。她拿过我手中的蟑螂，开始剥掉翅膀。这翅膀有好多层。翅膀剥掉后，蟑螂肚子上有着说不清道不明的纹理，着实让人难以接受。老婆婆说喂我，我就干脆闭上眼。她把蟑螂塞到我嘴里，没想到到了嘴里还是如此坚硬。她让我赶紧咬碎，我流着眼泪一下一下地咬下去，最后咽进了肚子。蟑螂身上的一些肉屑和组织还挂在了我的牙上，好久没流眼泪的我，居然为吃蟑螂而落泪。周围的行人全都在看着我。虽然我们国家没人吃蟑螂，但当地人把蟑螂看成绝美的食物，和瓜子一样香。当地民间有一种说法，吃蟑螂能壮阳，不知道是不是真的，不过《本草纲目》里就记载了不少对身体是有滋补作用的甲虫类药物。

吃蜘蛛也非常刺激，这里的蜘蛛叫泰国斑马脚捕鸟蛛，浑身毛茸茸的。柬埔寨曾经闹过饥荒，人们都把树上的蜘蛛捕捉下来给吃了。捕鸟蛛其实非常凶猛，会在树上偷袭鸟类，也会在地上追捕老鼠，是食肉蜘蛛。这种蜘蛛我亲自把玩过活物，很多地方也有人把它当宠物养，养它的人不乏美少女，她们会把捕鸟蛛放在手上和被窝里，像亲姐妹一样。尽管这样，吃的时候只要把它们往油锅里一扔，立刻就炸透了，捞上来就是食品炸蜘蛛。其实我一直是有吃这种东西的想法，所以在看到它时也就释然了。

我从盘子里拿起炸蜘蛛，端详着它，看它的身体都已经炸得鼓了起来，但是它的身体依然完整，颜色通体乌黑。我马上用牙咬住，想炫一下技。突然蜘蛛动了一下，吓得我不知所措，还好蜘蛛只是掉到了我的腿上。想了想还是不要玩了，赶紧吃掉吧，就这样我一口一口地吃了下去，最后得出的结论就是，这种味道没有想象的那么恶心，和做汤的虾米皮的味道差不多。

缅甸这个国家的人是我在东南亚见过的最温柔的。缅甸的美女远近闻名，这些女孩子皮肤白皙，身上散发着高贵气息。这里的男人一生必须要出家一次，有的人终身出家，有的则出家一到两周。他们一般都是 5~10 岁出家。出家的那一天非常隆重，和过节一样。每当春季来临，一些宁静的缅甸村庄会突然热闹起来，许多小男孩要出家当和尚，小女孩也要进庙行“扎耳朵”礼。一队队的父母及和尚，敲敲打打地走出村庄，绕塔而行，气氛十分热烈，场面非常温馨。我在曼德勒时就赶上了小孩子出家，一家人浩浩荡荡，出家的小孩骑着大象，盛装打扮的长辈则抱着各种各样的器皿。小女孩则是坐在马车上，穿的也像个西洋公主一样洋气，小男孩更不用说了，就和小王子一样。总之给我留下了独特的印象，感觉他们非常重视各种仪式。

缅甸的木偶是国粹，流传了上百年，主要是供宫廷消遣的一种表演形式。内容多半是神话传说和公主们的故事。但是在缅甸的贫民窟里，孩子们却感受不到这些乐趣，他们不得不在肮脏的公共澡堂里洗澡，平时也没有小零食可以吃。我看到街边的贫民窟里有一个孩子抱着一把破吉他，虽然他一点也不会弹，但是看

信仰小乘佛教地区的人们都会让孩子出家一段时间

得出他对这把吉他爱不释手。他看着远方，透过孩子英俊的脸庞，我能感受到他心中充满梦想。我给了孩子一些钱，这时一个卖馄饨的妇女挑着担子从这里走过，男孩立刻用这些钱买了一碗馄饨汤。这个装馄饨的碗并不干净，似乎所有人都用它。这个男孩现在必须要解决的不是梦想，而是先吃饱饭。

可能你不相信时代的进步早已让自己过上了安全的生活，可是世界上还有一些角落的人们还在黑暗中摸索，在困难中前行。能百毒不侵的人，都曾伤痕累累过；能笑看风云的人，都曾千疮百孔过；每个自强不息的人，都曾无处可依过；每个看淡爱情的人，都曾至死不渝过。

密林村寨的长颈族妇女

缅甸有七大民族：克伦族、掸族、克钦族、钦族、克耶族、孟族、若开族。克伦族尤其受到人们的关注。克伦族中又以巴东族人最为出名。这个部落的女性习惯用铜环将脖子一圈一圈地绕起来，5 岁起就开始戴环，然后会戴一辈子。于是，巴东族一部分人也会被称作长颈族。巴东族人世世代代生活在缅北的密林深处，但是 10 年的战乱使他们又逃离了大山，走向各地。

长颈村的女人生活在芭蕉叶覆盖的寨子里，她们的房子都是吊脚楼。穿过崎岖的山路，沿着茂密的丛林，我看见了隐藏在山林中的长颈村。这里屋舍俨然，传统生活气息浓厚，我仿佛置身于世外桃源。此时，一道金光乍现，巴东族女人的大铜环在阳光下闪闪发光。远看这些巴东族女人，她们的脖子真的非常长，我想她们把铜环摘下来脖子会不会因为失去支撑而折了。我要近距离接触去探求答案。

长颈族人的铜环从肩膀起就开始节节攀升，历史上攀升最高的达 70 厘米。她们穿短袖，用彩色的头巾把头发包裹缠绕。头巾上还会插着用绸布做成的花。这里的女人上到九十九下到刚会走，每个人头上都戴着大大的金属环。我询问这里的长颈族妇女："你们会说英文吗？""不会。"她们说。我指着她们编织的围巾问："这是什么？"她回答："色刚。"我猜应该是英文 scarf，她亲手制作的，一天就可以做出来，价格是 20 元。这位织围巾的长颈族女人非常害羞，从回答中能感觉长颈族对客人没有敌意。我去过缅甸很多地方，发现缅甸人的脾气非常温和，有包容性，不着急，也不易怒。

现在的长颈族人由于受到战争的影响，过着难民生活，她们本来也可以告别传统，不再把铜环绕在脖子上，但是她们至今也没有把这一习俗完全去除。我很好奇，这时看到一位姐姐正在绕环，估计她要往脖子上戴。她的脖子上面系着一条丝巾，估计脖子太长，怕吓到人。拉直这一圈圈的铜丝并不那么容易，铜还是比较沉重坚硬的，需要花很大的力气才可以。

据说长颈族女子的脖子奇特，很难被外族男子相中，一旦有陌生男子光临，长颈族妈妈会给这名男子戴上一个同样的环，并把他也留在寨子里强行和女儿同

长颈族妇女

房。难道雷探长也要被长颈族逼婚，永世走不出村子了？这还得了？一位长颈族妈妈给我上环，村子里的女人也出来围观。她们第一次见到男人上环，看得异常兴奋。此时这位姐姐正把铜环给我一节一节往脖子上绕。

为什么周围的女人看得如此欢乐？我想，任何民族的男人都被赋予了可以做大事的希望，一般很少有一些奇怪的枷锁去锁住男人，女人就不同了，裹小脚，戴鼻环，甚至锁住女人的阴部，都是妇女悲惨命运的写照。她们见男人受折磨，自然很开心，也很惊讶。铜环在脖子上缠绕是非常痛苦的，主要是铜环的两根铜丝在扭曲时会发生摩擦。两个铜环会把颈部的碎发也都夹起来，非常痛，当然头发也会被夹掉一些。当我问她们铜环有多重时，她们表示不知道。但是她们上一次环至少要一个小时。远处的小女孩就是给我上环的姐姐的女儿，我感觉母女两人在给我上刑，转眼间铁环已经上了 9 圈，而且一点点地在勒紧我的脖子。最终这个环还是完美地戴上了，戴上这个环的感觉非常奇妙，有一种英姿挺拔的感觉。头部不容易再低下去，这还能治疗驼背。重量是有的，我数了一下总共有 14 圈。我相信女人脖子如果细长一些的，这个圈数还要多一些。

戴着这个环特别不容易：第一，它会把人的头发给扯下来，尤其是脖子后面的碎发和汗毛。第二，容易出汗，出汗是小事，但是汗不好擦。第三，限制人运动的速度，由于头部起着引导的作用，头部被重物压着多少也会束缚运动的轨迹。

我戴着铜环在寨子里巡视，吸引了全村人的目光。一位长颈族小女孩叫我坐下来。她的名字叫马利亚，非常美丽，无论是正面还是侧面都是摄影者最完美的拍摄对象。为什么叫马利亚，因为当地被英国殖民后，缅甸北部的很多山区都开始流行天主教，该地区的人也慢慢放弃了自己信仰的神。她们虽然穿着当地的服饰，但是信仰了西方的宗教，就连名字也改了。

在一个竹屋里，我看到一个妈妈背着竹篓，竹篓里面装着自己的孩子，非常有趣。她们背竹篓的方法不是挎在臂上或者用双肩背，而是用一根带子勒住脑门，靠身体往前倾斜而让背篓能够稳定。这样的方法在东南亚和南亚很多国家都通用，南亚的斯里兰卡也是这样的形式。我试着替这里的主人照看孩子，我尝试着把竹篓背起来。我一背起来孩子就闹，看来我和这孩子不是特别投缘，最终还是孩子亲妈给抚慰好了。

在村子里不经意间可以看到一些坐在村口的女孩。这些女孩打扮精致，非常清纯，这种戴铜环的习俗看似可怕，不过这里盛产美女。她们这么显眼，难道不会引起外族的注意吗？ 20 世纪 20~40 年代，很多西方殖民者对东方的神秘文化非常感兴趣，于是他们把目光投向了长颈族的身上。后来英国人以文化交流为由，将几位长颈族少女邀请到英国伦敦。她们在英国巡演马上引起轰动，被誉为“长颈鹿人”。除了被当成参观的对象外，她们还被送到医学院进行医学研究。奇特的长脖子让西方人难以置信。

长颈族人的图片虽然很多人都看到过，但是长颈族人的生活并不是所有人都见识过。我希望能看到当地妇女是如何摘掉铜环的，甚至如何洗澡的。我找到了

在长颈族邂逅的长耳族姑娘露西亚

长颈族部落中面容姣好的妇女，希望她们能够为我们表演如何卸环和如何洗澡的。为什么非要拍长颈族洗澡呢？长颈族的打扮本身就非常奇特，但是作为一种原始的存在，她们一定继承了很多原始社会的生活方式。我早有耳闻长颈族洗澡会用特殊的方式，那么到底是用什么方式呢？

我选择的长颈族女性分别是老年、中年和青年女子，她们非常热情地帮我寻找洗澡的地方，带着我往寨子后面走。最终来到一片湖水前。这片湖水碧波荡漾，感觉是死湖，水里微生物可能超标。这怎么能洗澡呢？这三个女人中的老妈妈告诉我，她们长颈族世世代代就是这样洗澡的，要么在河边，要么在湖边。

中年女子已经开始为这位年轻美丽的长颈族姑娘卸掉脖子上的环。由于穿着一步裙，长颈族姑娘的坐姿也非常漂亮，双腿侧卧盘在地上，坐姿就很像一幅画。中年女子很麻利，动作干练，如果动作不快，或者给力不均匀，很有可能让铜丝边凹凸不平。尽管如此，还是需要用很大的力气。在卸环过程中，我看到这位妇女拿着一个管状的东西，不知道是干什么用的。原来这个小铁管是用来做扳手的，铜丝如果用手扳不动时就要用到扳手。

卸环的时候我突然看到了一幕血腥的画面。在这位长颈族姑娘的脖子上居然有很大的伤疤，还没有结痂，伤口似乎在滴着血。这一看就是被脖子上的大铜环给弄的。卸环的大姐见我看到了这个伤疤，连忙用衣服领子去遮，可是这么大的伤疤又怎么遮得住呢。其实我最担心的是铜圈摘掉后脖子会不会因失去支撑而折断。我发现摘掉铜圈后她们显得特别美，细长的脖子加上她们温柔的性格，一切显得那么的和谐，并没有我想的那么恐怖。

接着老年和中年的长颈族妇女一起走进水里开始洗澡，她们把下面的裹裙都扎到胸前，开始向铜环泼水。老年女子找了稻草，然后用稻草在铜环上搓，这个过程非常特别。她们没有用肥皂，世世代代就是这样清理铜环和脖子内部污垢的。当她们把头巾拿下来时，我发现她们所盘的发型也很独特，甚至露出了头皮，这种露头皮其实也是当地人的习俗。我也上前去帮助她们用稻草搓铜环，没想到铜环可以被稻草搓得发亮。

在寻找长颈村时偶遇了一位长耳族女子坐在门前纺织，她淡定的眼神充满了单纯的遐想，她的名字叫露西亚。我问她的家在哪里，没想到她直接带我去了她家，她请示了她的妈妈可不可以把我带进家里，她妈妈什么表情都没有，应该是默许了。我想进她的卧室，她非常不好意思，可能她们觉得家里太穷了，不好意思给人看，不过还是打开了卧室的门。我走进她的房间，里面有一张床，上面用蚊帐盖着，墙角还有蜘蛛在做窝。我指着床说："这是你的床吗？"她以为我让她坐在床上，于是就真的坐在了床上。这个女孩是不是心地单纯又善良呢。

临行的时候，她母亲坐在家门口织布，露西亚为我脸上涂抹"特纳卡"，一种叫作"黄香楝粉"的东西。这是一种可以清凉止痒的粉末，涂在脸上可以避暑，她在用这样的方式为我送行。露西亚送给我一条她织的围巾，然后我与她缓缓告别，直到露西亚消失在村口。有人说我应该回到长颈村娶了露西亚，因为在中国找不到这样的姑娘。其实雷探长全世界跑又不是为了找对象，娶了露西亚反而害了她，她更需要一个和她有一样想法的男子在一起生活。如果露西亚没有受过教育，来到大城市也是会吃亏的。她在农村里习惯了织布和田园式生活，城市的工作未必能干得了，而待在家里又无所事事，让她满世界跑也强人所难。我们还是祝福她吧。

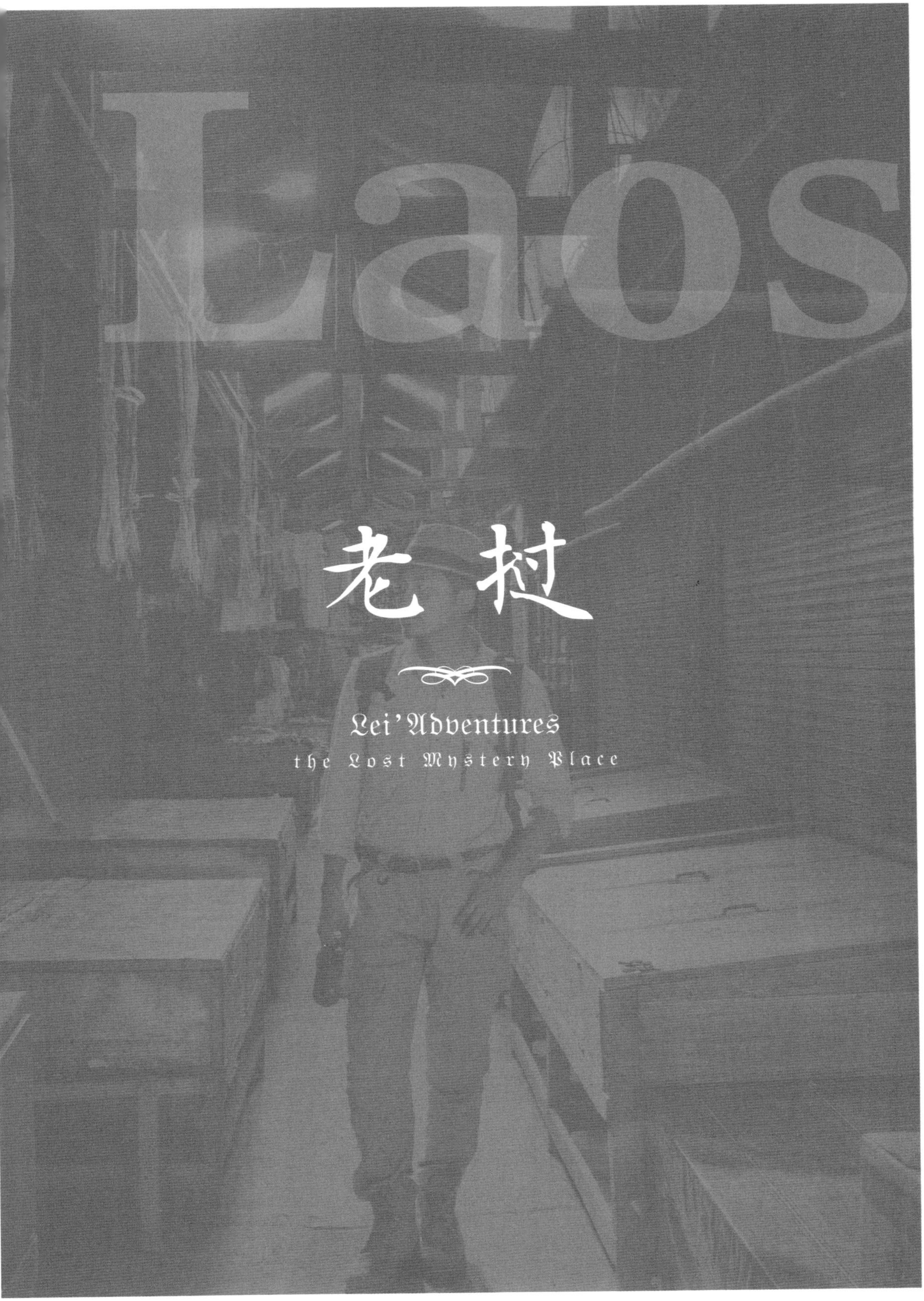
Laos
老挝
Lei' Adventures
the Lost Mystery Place

寻找露奶族

第一次知道露奶族部落是在一篇新闻报道上，这是一个非常原始的部落，部落女性居然赤裸上身，露出乳房。这样的奇闻让我非常感兴趣。可能很多人认为雷探长对女人的乳房感兴趣，一定是有特殊癖好。这一看就是少见多怪的想法，我的职业是寻找艺术和人类独特的文化。从历史来说，距今1800多年前的古希腊时期，人们就非常崇拜女性的乳房并将其刻画在了雕塑上。这些雕塑中的女性都是赤裸着上身，这被认为是健康的标志。距今1000多年前的唐朝，女性的乳房会隐隐约约地裸露在薄如蝉翼的绸缎或者纱裙后，这体现了当时大国的审美，敦煌的飞天仙女也是完全裸露着乳房。

在揭秘露奶族之前，我们先了解一组数据，中国从20世纪70年代起乳腺癌的发病率呈上升趋势，2000年至2013年，中国乳腺癌患病人数年平均增长率约3.5%。我们经常听说周围的女性谁患了乳腺疾病，为什么患了乳腺疾病直到发展成癌症才被发现，这都和大家并不关心乳房有关，大家认为乳房只是和性别挂钩而已。为了让大家能正视乳房，雷探长也积极参与了国际上的粉红丝带公益行动，希望能够通过揭秘露奶族，让更多的人关注女性乳房健康，让更多的人不要谈“乳”色变。

寻找露奶族是一件非常艰难的事，存在着不确定性。露奶族在东南亚的学名叫阿卡族，当得知泰国生活着阿卡族，我专程赶往泰国北部的大山里。一位向导驱车把我带入深山，当我询问她们是否有露乳习俗时，向导很坚定地说：“是，有的，可以看到。”我来到他所说的寨子后，发现这里的确是阿卡人生活的地方，但是这里的女性穿着非常现代，根本没有人裸着胸部。于是我又问向导，这里究竟有没有原生态的阿卡族。他才弱弱地开始解释：“阿卡族裸露身体，那都是以前了，现在阿卡族都是穿着衣服的。”这个向导为什么要带我来到这里呢？我看了看，这个寨子完全就是给游客准备的，吊脚楼式的民宿，为游客准备的晚饭，当地的阿卡人也是“上班”穿上民族服装，“下班”又换上T恤衫的一群职业白领。住了一晚后，还要支付一天的所有开销，我真的是被骗得吐血。这里以旅游者的心态来看还是不错的，但是从一个探险者的角度来说，花这么多钱是不值得的。

被骗虽然有些损失，但是已经出发怎么能就此罢休呢。接下来我又开始查找关于阿卡露奶族的生活范围，据说在泰国北部与缅甸的交界处也生活着大量的阿卡族。于是我就从泰北乘坐大巴走陆路赶往缅甸，最终把目标锁定缅甸景栋这个地方。

景栋，位于缅甸北部，生活着很多东南亚民族，最大的一支应该还是阿卡族。来到景栋，我也找到了一位当地小伙带路。这位小伙非常热情，说关于阿卡族他很了解。当我问阿卡族是不是裸露上身时，他可没有把话说死。他说有，但是要看能不能找到。于是我就跟随他走进了缅甸的大山里。徒步登山真的非常辛苦，最终在山顶见到了缅甸的很多民族，黑鸭族、长耳族，当然还有阿卡族。

当我进入阿卡族的寨子时，当地的阿卡族妇女都会热情地扑上来。她们并不是迎接我，而是上前推销手工艺品，刺绣的背包、头饰、服装马甲等，我也一一应对。慌乱中我也暗暗观察，这里的阿卡族怎么也穿着衣服啊，一点裸露的迹象都没有。大家不要笑，走了这么远的路来到这个地方，没有我要找的，当然不合理。于是我问向导这是怎么回事。向导说再等等，如果没有那就没有了。就这样我又等了一天也没有等到我要找的露奶族。寨子旁边有一座木质小教堂，我走进去后发现，教堂依然还在使用。可以想象，当地的阿卡人受现代文明的影响，早已放弃了原来的一些传统。

景栋没有找到露奶族，还有什么地方可以找到呢？据说缅甸和中国交界的边境也有阿卡族，我本来想去，汽车也联系好了，但是途中被拦了下来。这一地区处于危险地带，存在着冲突，不准非当地人前往，于是我就放弃了。我只能继续在东南亚寻找。

记得在泰国时一位阿卡族女孩告诉我，照片上的露奶族是老挝人。难道老挝的阿卡人就露奶吗？缅甸的几个老奶奶后来也看了我的照片，她们告诉我，露胸的是阿卡拉布（平头阿卡），而她们是阿卡露卡（尖头阿卡）。原来阿卡族还有部落派别之分。不管怎么说，东南亚一定还有露奶的阿卡族生活着，无论有多艰难，我一定要找到原生态的阿卡族。

就这样我搭上了前往老挝的飞机，抵达了老挝的琅勃拉邦。到达老挝时刚好遇到当地的泼水节，也就是傣历新年。老挝人走上街头互相泼水祝福，泼水节为期三天。到达琅勃拉邦后我打听到，老挝的阿卡族生活在老挝的北部大山。我真的不太好意思直接问这里的阿卡族是不是露胸，感觉这个关注点会吓到别人。有一次我问当地向导，老挝的阿卡族有没有不穿衣服的。他居然邪恶地看着我，说："我知道你要找什么，我今天就带你去找。"看着他猥琐的表情，我反而吓得要死。我说算了算了，我不需要。大街上一派泼水节的节日气氛，就这样露奶族还没找到，我每天都是湿身后回来。

最终我把目标锁定到老挝北部的大山里，我从琅勃拉邦坐车前往这片大山。山路非常崎岖，各种盘旋和未知弯道。我乘坐的大巴车还发生了很严重的事故，汽车由于刹车时打滑和另一辆行驶的车辆碰撞翻进沟里。当时的情况非常危险，我所坐的座位靠近前面的玻璃，我差点一头栽了出去，还好汽车陷到路边的排水渠中停住了。

经过几次转车，我终于来到老挝北部的一个小县城。这里群山环绕，条件落后，看不到熟悉的面孔，也看不到便利商店。但是我寻找露奶族的心情非常急切。我心想，这里虽然落后但是人们也都穿着衣服，哪个女人愿意裸露乳房啊！当地过路的司机愿意载我一程，就这样我进了山。

到达山里的小旅馆住下，然后来到当地市场。市场上能看到很多身穿民族服装的妇女，有的背着孩子在卖菜，有的穿着非常富有民族气息。其中，有一位大姐还是"深 V"，还有一位居然是葫芦领，即上面的扣子是扣着的，下面反而敞着。这是哪门子衣服，还蛮时尚。这也给了我很大的勇气，这么偏僻的地方都知道"深 V"，那么露奶族一定就在这附近。

当时我想，去拜访阿卡族女孩总要送些礼物，送钱太俗气了，也真的不知道该给多少，还会败坏当地风气。送食物太小气，送装饰物当地的又太土，发卡又很一般。转了一圈，我发现这个地方居然有卖女士内衣的，内衣色彩柔和可爱。我想阿卡女子都露着胸，她们一定也很少接触内衣吧，于是我就去采购文胸，作为礼物赠送，我相信她们一定会很喜欢。当我走进内衣摊位时，很多当地女孩在冲我笑。我也很不好意思，这是我生平第一次买女士内衣。这个行为其实也是想告诉大家，关心女性健康从我做起。这里的内衣都没有包装，一个个挂在一根绳子上，或者散落在摊位上。老板见我来买文胸非常热情，向我推荐了红色、紫色还有肉色的，她说这些颜色都很好。我说："真不错，不知道阿卡的妹妹穿上这些会不会很性感呢。"老板听完一愣，苦笑着说："我的天哪，送人家内衣感觉好像心怀叵测，对人家有歪心。"我心想，心怀叵测的人才不会花钱买文胸送人呢。文胸是文明的产物，买文胸是文明的行为，这是时代的进步啊，世界上顶级的文胸设计师大都是男性。

买完一个，心想有更多的阿卡族人会不会分不过来呢，于是我又买了一个，老板仍然用异样的眼神看着我。我住在这里，慢慢地适应当地人的生活。我联系到一位懂行的人，希望让他带路。但是他的言行就像皮条客似的，践踏当地的民风民俗。最后他把我推荐给了当地一位阿卡族男子，以后的路都由这位阿卡族男子来带。虽然他一再保证我能看到露奶族部落，我还是半信半疑。

前往阿卡族的山寨真的是一路艰辛，想想都是泪。首先在山下坐一辆破旧的小巴，然后走水路，乘坐当地的一条捕鱼船。船上的人只能坐一列，不能两个人平行坐，而且是坐在小板凳上，船体很不稳定。船靠岸后，还需要徒步往山上

乘坐捕鱼船前往寻找阿卡族

走。我问徒步要走多久，他说到山顶需要 3 个小时。什么！要走到山顶，居然还要 3 个小时？就这样我跟着向导一直往山上走。一路上见不到商业气息，真不知道大山上的人是怎么生活的，这里也太艰苦了。刚走到半山腰我便累得气喘吁吁，其实我不是个怕吃苦的人，我也去过很多特别危险的地方了。我们一路上看到的很多绮丽惊险的画面，坐在家里的人是很难感受其危险程度的。

一阵阵浓烟从山下飘上来，我探头走到崖边观察，只见远处几位黑衣妇女在砍树，她们将砍下来的一并烧毁，沿着山坡的整个农田都在冒烟。我一看就知道了，原来是“刀耕火种”，这是一种非常原始的耕种方式。由于没有肥料，农民会把收割完的稻田一把火烧了，然后埋起来作为肥料，第二年再次翻土种植，等

一位主动合影的阿卡女子

待老天下雨灌溉。这真的是原生态的阿卡族生活啊。为了能早点见到阿卡族我又加快了脚步。

就在快要到达山顶时，看到远处有一些工人正在架电线杆，原来这个地方正在通电，通电也意味着这里与世隔绝的一群人最终会和外界沟通，受到现代化影响从而改变生活方式。我要是晚来一年，再看到阿卡族时他们可能已经看上了电视，模仿城里人，穿上了衣服，他们就不是原生态的阿卡族了。他们并不知道记录这一切，外面的人并不了解他们的生活，可能我的记录能为人类留下一笔宝贵的财富呢。

当我爬上山顶，远远就看到了阿卡族的寨门——“龙巴门”。寨门的象征意

阿卡族没出嫁的女人必须把头发遮住

义有很多，首先是把恶鬼驱赶在村外，其次是树立村长的权力。寨门上披挂的刀、枪、弩、梭镖等，用来驱鬼除邪，抵御一切不吉之物进入寨内。门梁上雕刻的十二生肖及其他动物，象征人与动物和谐相处。其中，猫头鹰代表夜行动物，表示白天黑夜人都与动物共存。鸽子代表和平、和谐、安宁。铁匠是阿卡族历史上最重要的工匠种类，为全村人打造各种农具，确保族人正常的生产生活。铁匠在阿卡族人心中具有至高无上的地位。而男女交配以及生殖器雕像，则象征族人不断繁衍生息，发展壮大。

刚进村我就看到一位老奶奶从木屋里探出了头，她穿着一件绣花马甲，戴着黑色帽子，帽子上的银色饰品充满了古朴的美，但是最醒目的就是她裸露的双乳。我终于找到她们了，当时我有一种溢于言表的惊喜和胜利感。这位裸露乳房的老人看到我，并没有躲闪和不好意思，我能感受到这都是她们的风俗。

这位老奶奶年事已高，从她的笑容依然能看出年轻时的她是个美女。她从窗户探出头来，完全就像一幅画一样美丽。我询问老奶奶有多少个孩子，她回答六个，她的人生就是在养育孩子中度过的。她们一直露着乳房，是因为阿卡族妇女从怀孕之日起就要裸露左边的乳房，一直到孩子两岁。她们信奉乳房裸露在外才能吸取大地之甘露，喂奶之后孩子才能健康成长。事实上这和阿卡人崇尚生育的文化是分不开的。阿卡族妇女少则生四五个孩子，多则七八个，因此她们的乳房要常年裸露在外，故此人们习惯地把这里的阿卡人称为“露奶族”。我的到来好像让她们产生了防范意识，所有女人都躲着我，难道她们是因为害羞而躲藏吗?那可不行，我的任务就是来寻找愿意接受采访的露奶阿卡女人。

当我站在村子最高处向下看去，一些阿卡族女孩赶紧往家里跑，就像兔子见了鹰。一些妇女也关上了大门，有的只露出两只眼睛，可见我的到来对她们的影响有多大。似乎一瞬间全村人都认识了我。我担心这些奔跑的女孩，可千万不要掉下悬崖去，这里到处都是悬崖。

这时一位年轻的妈妈旁若无人地解开衣襟准备给孩子喂奶。这位妈妈看起来约 35 岁，一问才知道只有 20 岁。很难想象，这样一个靠生孩子来繁衍生息的小村子，女人们的生活该多么的封闭。她们干什么都靠手，容颜也很难永葆青春。不过我还听到一种说法，她们露出一只乳房可以驱赶恶魔，辟邪消灾，怪不得这个地方连医院都没有。虽然露乳房可以驱魔是一种迷信的想法，但是她们也没有选择的余地。在这里，人人都是这样。

阿卡族女人的服饰很有特点。在缅甸就听到当地阿卡族的解释，老挝这边的阿卡人是平头阿卡。她们的帽子顶端是平的，服装很像旗袍。由于和旗袍一样是斜襟的扣子，她们解开一面衣襟露出乳房也非常快速。

说起阿卡族的来历，这个倒是非常有意思。他们本来是生活在中国青藏高原的一支民族，随着部落的迁移，他们来到了中国的云南地区，定居下来繁衍生息，起名哈尼族。后来他们中的一支又继续往南走，来到东南亚金三角地区定居下来，其中泰国、缅甸、老挝，分布最为广泛。阿卡族也可以说是哈尼族在国外的一种叫法，和哈尼族同根同源。

正和几位美丽的阿卡女子聊天，我一回头看到她们的男人在家门口磨刀，突然有一种不友好的感觉。于是我一闪，躲进了一间由竹子编织成的房子内。这间屋子里有一位非常年轻漂亮的女主人，她瞪大了眼睛看着我摄像机里的自己，露出了青涩而好奇的微笑。看得出她稚气未脱，却落落大方。我近距离地看到了阿卡族人的生活，他们在客厅中央用石头搭了一个灶台，这个灶台既可以生火取暖，也可以做饭煮茶。阿卡女人要承担所有家务，扫地、带孩子，都是女人来做，洗衣做饭就更不用说了，甚至年事已高的老年妇女也无法颐养天年，也和儿媳妇一起伺候家里的男人。我问这户人家的老人多少岁，她说已经 61 岁了，依旧要下地干活。说到这里，一定要搞清楚一个问题，就是未婚的漂亮女孩是不是平时也露乳，答案是不结婚是不露的，只有生完孩子才露乳。这也和我们所理解的露乳有很大的区别了。

这家的女主人不但漂亮，做饭也非常好吃。阿卡人并不是一个善于吃油的民族，鱼和肉很多都是烤的，当地人尤其喜欢把捕猎到的鹿肉挂在灶台上方用烟熏成肉干。这种鹿肉干他们也请我尝试，我大胆地吃了一口，没想到怎么咬也咬不动。他们也不放调料，我觉得这既不是烧烤也不是完全的熟食，简直就是一具木乃伊食品嘛。

阿卡人的寨子位于海拔较高的大山上，房屋的墙壁都是竹子编织而成，虽然透风，但是也符合东南亚的热带气候。男人和女人始终不在一张床上睡，房子中间用一个叫露卡的东西隔开，男人睡一边，女人睡一边，女人走女人的楼梯，男人走男人的楼梯。

我看到这家屋子的女主人在扫地，于是也帮她扫了起来，可以明显地感觉到她们并不希望男人来帮忙。在屋外，一位阿卡族老婆婆非常辛苦地在挑水。她个子不高，步履蹒跚地往山上走，我于是过去帮她。这是阿卡族一种特殊的挑水工具，一个与肩同宽的扁担下面挂着一个木桶，木桶里插着很多个竹筒。她们挑水不是用这个最大的木桶，而是用一个个小竹筒装满水，然后背上山来。先不说木桶有多重，这些竹筒也够重的，就不能做一个轻一些的吗？其实这也说明了当地的原生态特征，我们古时候的水桶不也是木头做的吗？这种扁担简直就像枷锁，把我的脖子紧紧地给夹住。不知道是不是受法国扁担的影响，这种扁担与100年前法国的扁担类似，两头都很短。

下山真的太艰难了，几乎全是悬崖峭壁，水就是从这些悬崖峭壁上流淌下来的，背水的人简直就是要会飞檐走壁。也很容易掉下去，背水的竹筒本来就很重，身体稍微一前倾就会栽下去。在取水的地方，很多小女孩在等待接水。泉水是一滴一滴地往下滴，要等水滴满一筒才可以换下一位，我也跟着一起等。等待中我发现，这些挑水的女孩原来都是高颜值的女孩。这地方真的山清水秀，但条

帮助阿卡族老婆婆去挑水

件太恶劣了，所以又不养人。不知道这些女孩长大后，要怎样经受岁月的折磨。

我一步一步地帮老婆婆把水挑回家，原来挑的这些水是专门用来款待我的。她在炉灶上把水烧开，泡了一杯茶，我喝了一口，真的太甘醇了，一点儿杂质没有。刚才挑水时我还怀疑这里的水不卫生，水里微生物会超标。我对老婆婆说，你们村子还有哪家的女子是露胸的，并且用手给她比画。老婆婆也明白了我的意思，但是没有回答。我回头一看，身后站着一个女子，原来这是老婆婆家的儿媳妇。我又问，她为什么不裸着胸，我是来摄影的。老婆婆明白了我的意思，对着儿媳妇说："人家叫你脱，你就脱了呗。"天哪，我可不是这个意思！儿媳妇一边和老婆婆辩解一边开始脱衣服，结果还真的把上衣扣子解开了，露出了乳房。我实在不好意思，人家既然脱了，我连忙拍照。近看这个儿媳妇的身体上有很多伤痕，像是鞭子打的，我猜测这个儿媳妇是不是受到过家庭暴力，或者做过非常艰苦的劳动。我没有求证，但是还是感觉她们的文化生活贫乏，生活范围非常小。

告别了老婆婆，我又向另外的村子进发，去寻找其他村子的阿卡族。刚一出村子就有很多女孩跟着我，我不知道她们为什么这样做。后来我发现这些女孩都是刚才挑水的女孩，她们见到我非常好奇，可能是村子里好久没有外来的男人了，她们一路上紧追不舍，都在通过我的 DV 显示器看自己。

在赶往下一个村子途中我要过一条小溪，当时没在意，再往前走时觉得脚有点痒，于是我低头去看，这一看可把我吓得不轻，原来我的腿上和鞋上爬满了水蛭。了解水蛭的人应该知道，水蛭又叫马鳖，是一种会吸血的虫子，可以在农田或者水域里生存，专吸人类和牲畜的血液，我的到来可帮了水蛭的大忙。在我眼中水蛭毕竟是吸血的魔鬼，要赶紧去除。向导看到了我腿上的水蛭，赶紧检查他自己，没想到水蛭已经偷偷爬到了他的大腿上，隔着裤子就可以摸到。眼看水蛭马上就要逼近裤裆，他连忙开始脱衣服，脱了个精光开始检查身体。我也赶紧一个一个地用手去揪，虽然这个方法不科学，但是要先除掉眼前的才可以。等水蛭全都去除了之后，我发现这些吸血的水蛭在我鞋上留下了很多吸盘的印记，鞋干了之后印记更加清晰，也洗不掉，可见水蛭的嘴有多"毒"。

我跟着向导绕了几里山路，赶到另一个村子。村子里很多女人一开始也很害羞，直接系上衣扣，捡起劳动工具往家跑。但还是有几名妇女在篱笆后偷窥我，我赶忙过去，她们并没有防备，坦然地裸露胸部。我很礼貌地打招呼，这里的妇女看到我的摄像机也一个劲儿地往镜头里面凑。至于她们不躲闪，可能因为她们养育过很多孩子，已经不那么计较了。再看她们的孩子，虽然生活在这样贫穷的地方，但是真的太漂亮了，精致的脸庞，灵动的眼神，看起来非常聪明。我摸了摸口袋，看还有什么礼物，找到了几枚硬币送给她们。阿卡族女人喜欢收集硬币，把硬币装饰到头饰上。她们拿到硬币爱不释手，但一点也没有相互抢夺的迹象。

就在这个村子我认识了一户特殊的人家，女主人非常勤劳，相比其他家的女性更显年轻，20 多岁，已经是两个孩子的妈妈了。刚到她们家门口时，看门的小狼狗一个劲儿地冲我叫，但就是不敢冲出来，我的到来让它敌友难分。女主人

两位阿卡族女子给我按摩肩膀，孩子们都在看热闹

本来裸露着胸在院子里干活，看见陌生人就把衣服扣上了。我认为这是我见过阿卡族里最漂亮的女子了。这位女主人并没有露着胸，我想说服她，可是说服不动，她一定是见到陌生人变得害羞了。这可怎么办，我也想不出更好的办法。男主人也在家里，这让我有点尴尬，没想到男主人非常热情，他款待我留在家里吃饭。于是我想，既然他们也很欢迎我，不如就留在这户人家吧，慢慢观察寻找时机。

住在这户人家我也是吃尽苦头，晚上我睡在所谓露卡单独隔开的房间。墙上趴着蟑螂，个头非常大，赶都赶不走，天花板上还有蜘蛛网，蜘蛛还在做窝。我担心睡到半夜蜘蛛会顺着丝滑下来爬到我脸上。想多了真的睡不着，我一直想怎么说服女主人能自然一些，生活中她们都是裸露乳房的。可能有人还是认为我追着要人家脱衣服，其实世界上有些职业就是要求别人脱衣服的，比如摄影师、手术医生等。我们也是要为人类留下一份即将消失的遗产，如果拍不到，再过几年这个民族的某些风俗可能真的就消失了。

到了第二天，我被这户人家的几个男人叫起来去山上打猎。男人们背着土枪，一口气爬上山头。他们用最古老的方式把火药子弹从枪眼里塞进去，挨个开枪，也让我尝试。我本来不太想尝试，枪这个东西是非太多，这一枪开出去也不知道结果

当地的土枪

是好是坏。盛情难却，于是我就朝着密林深处放了一枪，向导也跟着放了几枪。男人们都夸我放得好，我们有说有笑的，和一家人一样，当时我还觉得这款待太热情了。当下山的时候，男人们开始和我算起了开枪的钱，而且要把今天所有开的枪都一起算上。此时我真的不适合拿出很多的钱，深山老林里很不安全，但是想了想他们本身也没有什么收入，给钱也是应该的，只是他们用这样的方式有点像抢。

男人们满意了，我回到村子时女主人已经开始喂猪、扫院子、做饭，她露着胸完全没有防备。于是我就抓紧时间去拍摄。这位女主人坐在织布机前认真地织布，技艺娴熟，原来她们的衣服都是自己织的布做的。然后我又去拍女主人挑水。女主人时不时通过门框向外看，似乎在用眼神传递什么。我觉得也许是时候送给她一件礼物了，女主人这样被我拍也真的很不容易。在女主人又喂猪时，我悄悄拿出准备好的文胸，趁她不备送了过去。她见我给她递东西，连喂猪的盆也丢了。她打开包装一看，非常害羞，不肯收下。当然我还是硬塞给了她。

结果没想到，这位女主人把她们家的女人都叫了出来，满足我拍照的要求。

阿卡族人都是在屋里的地面上生火做饭

我送给她文胸，看似她不很高兴，等她拿回去，却在整个村子引起了巨大的轰动。她的妹妹们也都出来了，站到院子里等着我再给她们每人送一个。仅剩一个了，也不能乱送，我决定送给她们家最小的妹妹。小妹妹又不好意思用手接，我就塞到了她挎篮里。由于没有出嫁，小妹妹见人时头上还要披一块黑纱。

寻找纯正的阿卡人是艰难的。随后几天，我向大山更深处探寻。当我来到阿卡人村寨的山顶时，遇到了一些更加原始甚至完全裸露身体的妇女，其中一位老妈妈引起了我的注意。她坐在山岗上露着一只乳房，然后嘴里抽着水烟，能看出来她非常想让我拍摄，留住自己的影像。我赶紧上前给老妈妈点烟，水烟都是一边抽一边点才可以，于是就做起了服务生。她有着深邃的眼窝，从她智慧的眼神中可以感觉到，老妈妈年轻时一定是个大美女。东南亚人的脸庞都小，这位老妈妈不只脸小身材也好。我询问了旁边一位露胸的阿卡女子，她结婚已经 7 年了，依然在家带孩子，很难想象这些女人是怎么样在这样闭塞的地方熬过来的。

老妈妈见我对她进行各种拍摄，便对我说希望我去她家里看看。于是我跟着老妈妈走进她家，老妈妈说希望我好好地拍她。她家里一贫如洗，什么家具都没有，甚至没有一张照片，这景象让我热泪盈眶。这时她提出要洗澡，我跟着老妈妈走进了她的厨房。接下来的一幕让我非常震惊，她当着所有人的面脱下了衣服。这个举动也让我对阿卡女人多了一份敬意。这一刻我看到她们的穿着其实非常讲究。除了外套，她的腰间还隐藏着钱包。她从屋里拿来一个水瓢，直接用冷水往身上泼。由于物质匮乏，老妈妈洗澡居然用洗衣粉代替沐浴液，我非常心酸。虽然她们赤裸上身，洗澡时却穿着裤子，据说当地人洗澡一定要盘着头发穿着裤子的，她们洗澡大多都是在室外，如果全裸是会被瞧不起的。当清水一瓢一瓢地从头上泼下来时，似乎我们的友谊也在逐渐升华。这是一位来自远方中国的男子对老人最美好的祝福。

天下没有不散的筵席。当我离开阿卡族山寨时，老妈妈从家里跑了出来和我拥抱，我们依依不舍。我看到老妈妈眼睛湿润了，她说一辈子也没有人这么远来看她，也不知道外面的世界是什么样子。我边走边落泪，不禁感叹人生的残酷。我想下次我还会回来，因为这里的人民是纯粹的，是真挚的。

后 记

回到国内，我开始回忆我的旅途故事，准备我的第二本书《冒险雷探长 2：遗失秘境》。一个人要在短时间内写出 15 万字是非常考验毅力的，写的时候非常费脑力，可能会让人情绪暴躁或者抑郁。写作也绝不是一般人可以做好的工作，但是我还是愿意自己来写，因为我就是一个爱讲故事的人。我相信，文字是故事最好的载体。其实人都是被逼出来的，30 岁以前大部分人还在寻找自己的方向，遇到的那些坎儿也必须自己跨越过去，跨越过去也就真的成长了。

很多人总是在等待伯乐中叹气，认为没人肯帮自己一把。其实伯乐也是在看到真正的千里马后才会出手。很多人都把自己当成千里马，那样怎么能等来伯乐呢？生活中的雷探长其实也招募过一些同行者帮助我来拍摄或者做些辅助工作，但是很少有人能真正地走到最后，当初的不怕苦不怕累，最后都经不住现实的考验。在我眼中，优秀的旅行家都非常能吃苦，不但能放弃欲望排除干扰，具备专心做一件事的能力，而且在阅人无数后还能放下一些放不下的东西。

有人说，没有钱什么都干不了，其实我刚开始做这档节目时不但不盈利，还花光了所有积蓄。起先我工作了 10 年，赚了一些钱，卖掉房，就是这么不顾现实地去做些事情，至今我也不希望去享受。就连我写作的时候，屋内都非常冷，我没有安装空调。为了突出节目真实性，如今我们也不会去轻易地开展冠名等商业合作，就为的是能给人类留下一份宝贵的纪录片资料。我觉得这件事情是无价的。雷探长最初都是自费闯世界拍纪录片，困难中也得到了一些粉丝和当地华人提供的帮助，在此也感谢泰缅老之行的摄影师邓蓓尔奉献的图片摄影作品。

在这本书的最后，我想告诉那些想实现梦想的朋友，只有不顾实际困难，勇往直前才能和自己的梦想匹配，只有真正的喜爱，才可以走出自己现有的外壳。